PENGUIN BOOKS
Penguin Sudoku Difficult

David J. Bodycombe (born 1973) is a puzzle author and games consultant based in London. In the UK over two million people a day read his puzzles, and internationally his work is syndicated to over 300 newspapers. The British public know him best as the author of popular puzzle columns in publications such as the *Daily Mail, Daily Express, Metro* and *Focus* magazine.

He also consults on many television game shows, including hits such as *The Crystal Maze, Codex, The Mole* and *Treasure Hunt*. On BBC Radio 4 he appeared on the quiz *Puzzle Panel* and provided the cryptic clues for *X Marks the Spot*. He's currently the question writer for BBC Four's new lateral thinking quiz, *Only Connect*. He has written and edited over forty books, including *How to Devise a Game Show* and *The Riddles of the Sphinx* – a history of modern puzzles, also published by Penguin.

In 2005 he became a leading author of sudoku puzzles, and he was the first person to have sudokus published in several major territories, including India and Scandinavia. As well as the classic 9x9 puzzle, David has pioneered a number of alternative designs which have proved popular with readers all over the world. His games, puzzles and questions also appear in many magazines, and on websites, advertising campaigns, board games and interactive television.

He qualified in mathematics from the University of Durham and he currently lives in Surrey.

www.labyrinthgames.com

D1440148

We want to keep publishing the puzzles you most enjoy and so we would love to hear what you think about nonograms, cross sums, more complicated sudoku and any other puzzles. Just drop us a line at:

puzzles@uk.penguingroup.com

SUDOKU
DIFFICULT

Banish boredom with these
difficult level sudoku puzzles

DAVID J. BODYCOMBE

PENGUIN BOOKS

PENGUIN BOOKS

Published by the Penguin Group

Penguin Books Ltd, 80 Strand, London WC2R 0RL, England

Penguin Group (USA) Inc., 375 Hudson Street, New York, New York 10014, USA

Penguin Group (Canada), 90 Eglinton Avenue East, Suite 700, Toronto, Ontario, Canada
M4P 2Y3 (a division of Pearson Penguin Canada Inc.)

Penguin Ireland, 25 St Stephen's Green, Dublin 2, Ireland
(a division of Penguin Books Ltd)

Penguin Group (Australia), 250 Camberwell Road, Camberwell, Victoria 3124, Australia
(a division of Pearson Australia Group Pty Ltd)

Penguin Books India Pvt Ltd, 11 Community Centre, Panchsheel Park,
New Delhi 110 017, India

Penguin Group (NZ), 67 Apollo Drive, Rosedale, North Shore 0632,
New Zealand (a division of Pearson New Zealand Ltd)

Penguin Books (South Africa) (Pty) Ltd, 24 Sturdee Avenue, Rosebank,
Johannesburg 2196, South Africa

Penguin Books Ltd, Registered Offices: 80 Strand, London WC2R 0RL, England

www.penguin.com

First published 2008
1

Set in Futura
Typeset by Labyrinth Games
Cover design by Nathan Balsom
Printed in England by Clays Ltd, St Ives plc

ISBN: 978-0-141-04153-7

HOW TO SOLVE SUDOKU

If you're new to sudoku, welcome to the craze everyone's been talking about. The puzzle consists of 81 squares, some of which are already filled with numbers. The rules are straightforward: *every <u>row</u>, <u>column</u> and <u>3x3 box</u> (marked by the heavier lines) must contain all the digits from 1 to 9.*

Take a look at the example puzzle below. Look at the 3s circled in the top two rows. They are positioned in the first and second 3x3 boxes. Therefore, we know that the 3 that will appear in the third row must lie in one of the final three spaces. There's already a 9 in the first space, leaving two possibilities. Looking down the eighth column, we see that it also has a 3. Therefore, the 3 in the third row must appear in the final space (as illustrated).

Now look at the very bottom-right square (circled). What number could go in there? There's a 1, 4 and 9 in that row already so it can't be that. There's a 2, 3, 5, 6 and 8 in that column. The only possibility we've not mentioned yet is a 7, so the circle must contain a 7. Now see if you can use a similar method to deduce the number that goes in the diamond indicated.

A hint: working systematically (e.g. considering the 1s, then the 2s, 3s, 4s etc.) can be helpful. The puzzles in this series are graded from moderate up to fiendish. The harder puzzles will require more logic and technique. If you're new to the game, start off slow and work up to the more difficult material.

Remember that, although sudoku can be solved by trial and error, it should be possible to crack the puzzles using logic alone. If you follow these instructions together with the hints on the following page, it won't be long before you'll become a sudoku master.

SOLVING HINTS AND TIPS

The 'linked pair' is a key technique at this level of puzzles. It involves pairs of squares where you know what two numbers go into the squares, but you just don't know which way around they fit.

However, suppose you do know that the pair of squares (in the same row, column or 3x3 area) contain 2 and 3 in some order, and they are the only possibilities for those two boxes. Even though you can't deduce which box contains which, you still know that 2 and 3 cannot fit in any other box (in that row, column or area). This may be enough to deduce further information about other squares.

Also at this level, you may have to work harder to eliminate possible numbers at key points in the logic. We'll take a moment to look at the first puzzle in this book as a worked example. We've completed about half of the squares but then we've ground to a halt. It looks frustrating because we've almost completed the fourth column except for the 3 and the 9. It seems impossible to deduce what number fits where, but in fact it is possible.

But first, we're going to consider the circled boxes. Why can't the digit 2 go into either of these spaces? If it did, there is no room left for a 2 in the top-middle 3x3 box, because the 683 is already filling the remaining available spaces. So, our initial assumption was wrong and the 2 for this middle 3x3 box must be somewhere in the sixth column. A very similar logic means that 7 can't go in these spaces either. These steps of logic will come in useful much later in the puzzle.

More immediate progress can be made elsewhere. The only possibilities for square A are 2 and 4. This means there's only room for the 9 in the fourth row to go into either box B or C. The diamond must contain a 3, therefore, and from here the rest of the puzzle is straightforward. Can you solve it?

5		9			6			
	7	3	1	9				5
					3			
						6	5	
7	3						8	1
	5	1						
			2					
8				6	5	1	4	
			7			8		2

6			1	8				
	9			6		3		4
7					3	6	8	
		9	4					7
4								6
8					9	1		
	4	3	9					8
9		6		7			2	
				4	1			9

8	9		3				4	
			5					8
		2						
	3				4			5
2	8	6	7		3	4	9	1
1			9				6	
						8		
9					1			
	6				9		1	7

			7				2	
5	6		4			3		
2			9	6				
		5						8
	9	7				5	3	
1						6		
				3	4			1
		3			7		8	9
	1				2			

		1		6			5	
2						8		
	8	9						7
9			8		4			
8	5						6	2
			6		3			8
7						6	1	
		4						9
	9			4		7		

	3	1			4			
					1		5	
7	9		3				6	
					3	8		
	8	9		2		7	3	
		6	9					
	4				6		8	1
	5		2					
			4			3	2	

		4	1	6			8	
7			8					
8	1	9	7			2		
						5	1	
			5		8			
	9	2						
		1			5	4	6	9
					1			3
	7			4	6	8		

	5	9		6			3	
				4			5	
8			7					6
	8							7
1		3				2		8
2							4	
5					6			3
	2			7				
	3			1		4	8	

			4	8				
9	7	5						
	3					2		
3				9	5			
4		2	7		8	1		6
			1	4				8
		7					8	
						6	9	2
				6	1			

1			9		7		3	
								7
		7		3			5	
7		6						3
5	9						8	4
8						5		9
	8			2		4		
3								
	6		5		1			8

5								
			3		2		6	
	1			5		4		2
	3					6		5
8			1		9			7
2		4					3	
3		6		8			2	
	2		9		4			
								4

			8			5	4	
	7							
9			1		3	6	2	
					8	2	3	
5			9		2			6
	4	2	7					
	8	3	5		4			1
							6	
	9	7			1			

6								
				3	5			1
	4	1			8			
	5	9	7		3	6		
1		4				2		7
		7	9		2	3	4	
			3			5	2	
3			5	7				
								3

		8						9
			5	2				7
	7		8	1	4			
	6				3	7		
8		2				3		1
		4	1				6	
			9	4	1		2	
2				3	7			
3						9		

		3			9			
		4			3	6		
7		9	4	1	6		3	
2				8		3		
			3		2			
		6		4				2
	7		1	3	8	2		6
		2	7			1		
			9			4		

					2	4		
7					2	4		
2	8		9					
						2	3	
1	6				7	9		
	9			8			1	
		2	5				6	3
	1	4						
					1		4	9
		6	8					1

1	5	6		7		4		
	4							6
				6			9	
		8	6				2	
	6	2				7	4	
	9				2	5		
	2			3				
4							1	
		1		2		8	3	5

4				3	5	6		
		1			6	4		
	3				1		2	
7		5					4	
	1					5		9
	2		1				5	
		9	3			8		
		3	2	7				6

		1	5	8	7			
		8	4	9	1			3
9								1
4		5					1	
		2	8	1	5	3		
	8					9		5
2								6
8			7	5	6	1		
			1	3	2	7		

4			9			2		5
	6	8						4
			4		7			
		9					4	1
		1	2	7	4	8		
3	4					5		
			7		1			
1						3	5	
5		4			6			7

			4	6	7	1		9
					1			
	1	7		9			5	
		3			6		1	5
		6				4		
5	4		1			7		
	3			1		2	8	
			9					
7		4	6	2	8			

					3		6	
5		4			8			2
	3					8	4	
				7				
6		7	5		1	2		4
				8				
	1	3					2	
7			1			5		8
	5		4					

3	4	8			1			6
			9				5	4
	5		6	9			8	2
			1		8			
8	9			5	4		3	
9	2				5			
4			8			3	2	9

	8	4					5	9
		5	6					
6								1
				9			1	
1	4		2		6		3	7
	9			4				
7								3
					5	1		
4	6					5	8	

	9		4	7	2	3		
	4							9
	6		9			8		
8				5				
	5		7		6		4	
				2				1
		5			8		3	
3							9	
		9	2	3	1		5	

4				3		2		
			9		7			
		9					6	4
9	3				2		7	
	7		4		6		2	
	1		3				8	9
8	6					9		
			1		3			
		1		6				2

		3		9		6	4	5
							8	
	6				8	3		7
		1		3	9			
4								6
			8	4		5		
6		7	9				1	
	2							
3	9	4		5		7		

		3		9		6	4	5
							8	
	6				8	3		7
		1		3	9			
4								6
			8	4		5		
6		7	9				1	
	2							
3	9	4		5		7		

					1	3		
8	9	1						
		4	2	8				
	2						5	
	1		4		3		8	
	7						1	
				2	9	5		
						6	3	9
		6	5					

						9		
6	9	4				3		
				8			2	4
	6		5					
	4	2	8		9	6	5	
					1		8	
9	8			2				
		5				2	7	1
		7						

					2		7	8
				8	1			
	3				7	5		
8		4				7		
		5	1	3	4	6		
		9				4		1
		7	4				9	
			5	1				
9	8		7					

	4			9	2		5	
	2			3				
					4	1		6
	8			1		2		
		7				3		
		5		6			7	
8		6	4					
				7			1	
	5		1	8			3	

		6			8		7	
	3	9		5	7			
	5	7	1	9		8		
	2							
		8	5	1	3	7		
							6	
		4		3	1	6	2	
			8	6			1	5	
	8		2			3		

		6					2	5
				6		4		
					3	1	9	
7					6			2
6		4	7		5	8		3
8			9					7
	5	1	6					
		9		4				
4	8					2		

7			9	4			2	
	9			6			5	1
				1		9		
					4	6	8	
	2	7	6					
		5		3				
8	3			5			1	
	1			2	7			4

7			8			9		
		3			6			
5	2						3	
	1			2				7
		4	5		1	6		
9				3			1	
	8						6	3
		7				8		
		7			9			1

	7	9				4	2	
	3			6				
		4	2		7	1		
					9			2
	5						4	
9			3					
		1	5		6	2		
				8			9	
	4	7				8	3	

5	3				1	4	9	
7							3	
			6		3			
2		5			4			8
	9						4	
8			9			2		6
			3		7			
	5							4
	7	8	5				6	9

1					5				
8								1	
	2	7		1		4			
	9		8	6				3	
		6	4		5	2			
3				9	7		6		
		1		8		9	3		
	7							8	
				4				2	

	5		8					
9		6		4				3
2								1
	8		4		6			
3		4				6		7
			9		7		2	
4								8
8				7		2		6
					2		1	

5							4	
						3		8
		3	7	2				
	8			9				1
1	9	5				8	6	3
7				3			2	
				1	5	6		
2		9						
	3							7

		7		9	4			1
					8	2		
			6			8	9	7
		8					7	2
			5		6			
2	4					9		
7	3	2			5			
		5	4					
6			9	8		7		

			5			6	3	4
3			2				8	1
			3					
5			1		2	3		
		1				7		
		9	8		4			2
					8			
2	7				3			6
1	9	3			5			

4	5	9			8		1	
	1		5	6				
8								
6	2			9				
			4	1	5			
				7			4	9
								6
			5	9			3	
	8		3			1	9	7

					6	4		
	8			1			2	
6			4	9				
9	7					2	1	
				7				
	1	2					4	6
				5	3			4
	6			4			5	
		9	7					

7								5
	1			2				4
		2			5	1		
			8			6		
2	3		4		6		9	7
		5			3			
		9	2			3		
6				7			4	
4								9

6			8	4	5			
				2		7		5
3				7		4		
						8		
5		3				9		2
		2						
		8		6				3
1		9		5				
			9	8	2			4

		6		9	5		4	
7	9		3		1			
			2				1	
3					4	5	8	
	5	4	7					3
	1				7			
			4		8		7	6
	4		6	3		8		

			8				2	
8	9		1					4
1		4			7		5	
9				8	6	3		
		7	9	5				6
	2		5			4		7
4					8		1	2
	5				2			

						9	3	4
	1		8					
	6		7					
3		6		4		1		
7			3		2			5
		4		1		3		8
					6		7	
					3		1	
2	4	5						

5							1	
			6	3	5	4		
					8	7		
		2	4				6	
	9	5				3	7	
	8				1	9		
		6	9					
		1	2	4	7			
	7							4

		3			9		6	
		1	6	3			4	
					1			2
4						8	1	6
	7						3	
3	6	8						9
2			5					
	4			6	3	7		
	1		8			6		

5	8			7	6			
7		4			1		5	
3						1		
			6	1		3		
6								4
		5		4	2			
		8						6
	5		2			7		8
			5	8			3	1

						8		1
8	2			6			7	
	7	5		8			4	
2	9		6					
		7		1		5		
					9		6	2
	8			2		6	5	
	1			7			9	8
7		9						

	7				2	3		1
			7					6
	3		1			8		
2				7			8	
		6	4		8	2		
	8			3				9
		7			4		3	
8					5			
4		9	3				1	

9	5			2				3
						8		
					7	9		1
4		9		6		1		
5			9		3			7
		7		8		6		9
7		8	2					
		4						
2				7			8	6

1			5			3		6
					6		1	
3		6		9				4
7	1	5	9					
6								9
					5	8	7	1
5				3		4		2
	4		2					
8		2			4			7

						6		
3		7		9	6		4	
					4	7		8
1		3	8			9		
4	2						7	6
		8			7	1		3
2		1	6					
	3		7	4		2		9
		4						

				2			6	
2			6			7		
	4	3		7	9			
					3		8	7
9				5				1
3	7		4					
			2	4		6	7	
		4			6			9
	6			8				

		1	2		6			
		7	1	3				
						6	8	
	6			4	8			9
			9		3			
9			6	1			4	
	7	5						
				6	2	9		
			3		4	5		

	5		8					
		4				7		2
				7	1		5	
2				9			6	4
	9			3			8	
3	7			8				5
	4		3	1				
9		7				4		
					7		9	

8	6							
	1	3	9			2		6
			5					1
6		8					7	
				4				
	7					3		9
3					9			
1		4			8	7	6	
							4	2

			1	8	2	4		
				6			3	7
								5
4			9				5	
9		5				1		3
	8				3			2
6								
8	5			3				
		4	7	1	6			

	2							
		8		9	2		7	
		7	1		3		2	
6	7							
4	8						6	9
							4	3
	9		7		5	8		
	5		4	8		2		
							5	

	1				7			
				1		9		2
	5	2	3	4				
					4	1		6
6	9						3	4
3		1	7					
				9	8	6	4	
9		4		7				
			4				1	

	8			2				
	2	9	5	3			6	
1					8		7	
8							1	6
			2		7			
4	6							7
	9		8					2
	4			7	2	8	9	
				9			3	

7	6							
				7	3			
5	9		2				8	
		5		3		8	2	
2			9		8			1
	1	8		2		4		
	2				4		9	5
			1	6				
							6	4

					4		8	
						4	3	2
5	3			8				
		2		3			9	
1			6		9			7
	9			4		1		
				9			7	8
9	5	1						
	6		2					

				2	1			7
			8		7		1	3
			5					4
2		7					3	
			3	5	8			
	3					9		1
6					3			
9	1		7		6			
7			1	8				

		4		6			9	
1		8	9		5	3		
				2		5		
	8							4
		9	2	1	6	7		
7							2	
		1		9				
		3	5		1	9		6
	7			3		4		

		2						4
		4	2		6			
			3	8			9	
	9					7		5
	2		6		3		1	
3		7					4	
	5			6	8			
		5			7	8		
6						4		

4	8			2			5	
5	2							9
						2		6
	3	2		4				
			6		9			
				8		3	9	
1		7						
2							7	5
	4			5			2	8

			1	7		2	6	
	5							
6					9	7		
7						5	3	8
			2		3			
4	3	5						2
		9	7					5
							1	
	7	2		3	1			

							2	
9	1			2		4	7	
2			9		7			3
				8		5		
		1	2		3	7		
		4		7				
1			6		5			2
	2	9		3			6	5
	6							

| 7 | | 5 | | | | | 3 | |
|
		3				6	5
						2		4
6	9		7		5		4	
		4		1		3		
	5		9		4		7	6
4		6						
5	2				9			
	1					6		3

	1			2				4
		2	5			9		7
	3					8		
				9				
9			4		8			5
				5				
		6					9	
8		4			7	6		
7				3			4	

			5				7	
		6	2	8		4		
9		2			1			
8	6						2	
			3		7			
	2						3	9
			4			1		3
		9		5	2	8		
	4				8			

	4	6			8			
8					2			4
2		1			9	5	6	
		3	7	2				
6								5
				5	4	3		
	8	4	2			6		7
1			4					3
			9			4	5	

	7			9	1		5	
				4	6			7
			5			4	2	
						2		4
3			1		2			9
1		2						
	6	7			8			
4			6	1				
	1		4	2			7	

					1	7		
2	7			3				
	8				4		3	2
	5			6				
7	9						5	3
				2			6	
4	2		5				8	
				9			2	1
		9	6					

					5	4	6	
			1		7	5		
5					3		1	
			5				9	
1	4		6		2		3	5
	9				8			
	5		7					2
		3	2		6			1
	2	1	4					

	9						8	
			3	9		7		
4		3	7		8			
		5		8			1	
	4						9	
	7			6		8		
			5		7	1		6
		2		3	9			
	1						5	

	1		7	8	3			
			4					
3	6	9					4	
		2	1				8	
		3				1		
	9				7	2		
	8					9	5	6
					1			8
			8	7	9		1	

7			3					
	1		8			9	5	
9				7	2			
				8			1	
	9	2		5		7	3	
	7			2				
			4	9				3
	8	1			7		9	
					5			2

	7	4	9			2		3
9			2			7		
	8				3	6		
				2				7
	4		3		5		2	
2				9				
		8	7				6	
		1			9			5
3		6			2	8	7	

			5				1	3
				3	1	9		
	8							4
	1	9	3				7	2
			1		6			
3	6				4	1	5	
5							3	
		1	7	6				
8	3				5			

3					8	4		
			3	4				7
2	5	4		7		3	8	
8			4				5	
	1				7			8
	7	3		1		8	9	5
9				5	4			
		5	7					4

	6		7		2		3	
4		3	1	5			9	
	8							
		4		3		9		
7								4
		8		7		6		
							4	
	9			1	8	3		7
	4		5		9		6	

8			5		2	7		
	3	6					5	2
	5							
		9	6			4		
5	6			7			9	3
		8			9	2		
							3	
6	4					9	2	
		3	2		4			7

	5	4						2
	6			4				1
					8			
		3		8	7	1		9
	9		5		1		7	
1		6	4	9		5		
			1					
9				7			3	
3						7	1	

4	7		2					
8		1		6				
					8	6		
9			3			5		
3	5						1	8
		4			2			9
		3	7					
				4		9		6
					9		5	1

		8	5			7		
	6					3		
				2		6		1
	5			1	4			
		6	3		9	1		
			7	6			9	
6		1		4				
		9					4	
		4			7	5		

	8	6						
4		2						6
3		1	7	6		8		9
	4		3	1		6		
1			6		7			4
		7		4	9		1	
8		5		3	6	9		1
6						4		8
						5	6	

				4		5	2	
2				5	1			9
			6			3		
	9	7		2			8	
8								2
	2			1		7	6	
		6			5			
1			8	9				5
	5	9		6				

4		6	7					
	7		4	6	9			
9	1							
	9			1	6	8	2	5
			9		8			
2	3	8	5	4			6	
							4	8
			1	9	4		5	
					5	7		2

		8				2		
		9	7	4				1
	6	7	9		2			
	4			9				
			6		4			
				5			3	
		5			6	3	1	
6				8	7	9		
		2				4		

1		5		3	6		2	
9				1				
	3		5					
	1		4				8	6
		3				9		
6	8				5		1	
					1		4	
				9				7
	2		7	5		1		9

	4		3		6	2	5	
				5				
9			4			3		
8				2			9	4
7	6			4				8
		7			5			6
				8				
	1	2	7		4		8	

	2		8	4				
		7		3				1
4	8					7		
	9							4
3							8	
		6					5	7
1				6		2		
				5	3		6	

8			5	1				
		2					6	
3	9				4			5
4		9	8				2	
	5				6	1		4
9			7				5	2
	8					4		
				9	8			3

6					8	3		
				5				
	3	2					6	8
2	7		3				8	
	9						7	
	8				4		9	5
7	1					8	2	
				7				
		3	9					6

		2		4				
7				2		1		
4	9		6					
	4		1	7			6	2
	6						7	
2	3			6	5		8	
					8		3	4
		1		5				8
				9		6		

5			6					
				3	2	8		1
							6	9
	5	3					9	
				5				
	8					4	7	
1	4							
7		2	9	8				
					7			8

		2			8			3
3		6				9		
	9		5					1
5			8	9			6	4
8	6			3	7			2
1					9		7	
		5				2		8
6			7			4		

		9	3			5		7
	3				7			6
		2		8		4		
3		7	8					
	2						4	
					1	7		3
		5		9		3		
9			1				6	
4		8			3	2		

6	2		1					
				4		1	2	
				5		3	7	4
		5	6				4	
7								3
	4				5	2		
8	9	2		6				
	5	1		7				
					2		8	1

3	1		5	7		8		
			8	3			5	
								1
	5				9	3		4
				2				
9		1	6				2	
6								
	3			6	8			
		8		4	2		1	6

2							7	3
	9		7		3	8		
	4				2			
9	3					5		
			2		8			
		1					3	7
			6				5	
		7	9		1		6	
6	5							2

6			8				5	
			4		3			7
								1
	1	4		9		5		6
9	8						1	4
5		6		2		3	8	
1								
8			5		7			
	4				1			5

	4						2	7
8	7	9				1		
					7	4		
7	6			4	9			
	2		7		1		4	
			8	2			3	5
		2	6					
		1				2	7	4
4	5						6	

		1	8					
7	2	5			1			
9				7				1
					6		5	
2		3				4		8
	8		9					
8				9				6
			7			1	2	9
					5	8		

		2	5			3		
	8	9			2		7	
5				3				
					4	8		
2		8	7		1	9		3
		1	2					
				4				8
	2		9			7	6	
		7			6	4		

5	8				9			
					1			
				3		4	7	8
		9		2	7		8	
7		5				1		2
	2		3	1		9		
8	5	2		4				
			6					
			9				3	1

		6			8			1
1			9		2	7	6	
								8
2						1		
	6		1		5		8	
		7						5
7								
	8	9	2		7			4
3			4			9		

		9						2
1			4			6		
6	3				2	9		
9					8		3	1
4	7		6					9
		5	1				7	6
		6			5			8
3						5		

						1	6	
			9	1	4	7		
					5		2	9
3		1		5				
2	6		1		7		9	3
				2		4		1
9	1		8					
		8	5	9	1			
	5	6						

7				1		5	8	
					3	6		
			8				7	1
	7				1	3	4	
			9		4			
	4	9	6				2	
8	6				7			
		1	3					
	9	7		6				8

		7		3		1	6	
			6			9		
	5		8		1		2	
				2	9			6
		4				7		
5			1	7				
	2		7		6		9	
		1			5			
	4	9		1		5		

2				7	6			
5				8		2		
		9	4				1	
9	5					8	6	
	8	7					9	4
	7				2	6		
		5		9				1
			6	4				5

	5				7	6		
			3	2	8	5	9	7
2	4					8		3
	9	3				7	2	
6		7					5	9
9	3	5	8	7	4			
		6	1				8	

	6					8		
					2	3		5
		9	8				2	7
							8	
	2		4	5	6		3	
	4							
6	5			3	1			
2		8	6					
		7					5	

5			4	1				
3		1						5
	2	6			5		4	
		2		6	7			
			1	8		3		
	5		8			9	6	
2						5		3
				7	6			8

					3			1
	8		1				2	
	1			6	9	3	8	
		4					6	3
		9				5		
6	3					2		
	9	8	6	3			1	
	4				7		3	
5			4					

					5	8		
				9		5	4	7
2			1					
4			6	2		9		
6								2
		8		4	9			6
					1			8
9	1	6		7				
		3	9					

1		2			9			
	9			4			1	7
		4	7			2		
		5	4				3	
9				8				4
	8				2	9		
		7			3	1		
3	6			2			7	
			8			6		3

1								
	8	9	4			6	3	2
	3		6	8		5		
	2		1					
		6				9		
					3		4	
		2		7	6		8	
8	9	3			1	2	6	
								4

					4			
	2			3				
8	4	6					1	
		1	5		6		7	
2	5						6	4
	8		1		9	5		
	9					2	3	6
				1			8	
			2					

	3					8		
5		1		7				
			9				2	
4	5		6					7
2								4
6					1		5	3
	7				9			
				6		4		8
		8					3	

	8			2		3		
	9				8	2		
3		6	5		1			
		2		3				5
6								4
9				1		6		
			7		2	9		1
		9	1				3	
		8		9			6	

3		5						
9			4			7	5	3
		1			5	9		6
	1	3		6				
2								1
				2		3	8	
1		9	3			2		
5	6	2			1			8
						1		9

			2		6			8
						1	4	
	7						5	3
9					1			6
	5			6			3	
7			3					5
8	6						9	
	3	7						
2			7		5			

	4				7			
8		6	4			3	7	
			6	8				
3							5	6
	7	4				2	1	
5	9							8
				6	9			
	1	8			4	9		3
			1				2	

		9						
7		6					5	8
5	3				1			6
			5		4	1		
		4		2		7		
		3	9		8			
8			6				3	2
3	2					4		7
						8		

	3					1		9
			6		9	3		
	1				4		2	
	9	2	3				5	
	5				8	2	3	
	7		2				9	
		3	4		6			
5		1					7	

	7					2		
6			2	5			3	
	3	5						9
	8		4	7				6
				3				
7				9	5		4	
9						4	6	
	4			1	7			8
		2					9	

	4			7	6			
			9			6		
5	6		1				9	
6				1		9	4	
	7		6		2		8	
	5	1		4				2
	2				7		1	8
		5			1			
			8	5			2	

3			9				5	2
2				6				
	9	5					3	
	3		6	5		1		
			1		7			
		4		9	3		2	
	4					5	9	
				3				1
9	1				6			3

		2				8		
4	6							2
	8	1			2		4	
				4			9	8
2				1				4
8	4			6				
	1		5			9	6	
9							2	5
		5				7		

3	2			9		1		
9			3		5			
		7						
	3	6	5				8	
		5		1		7		
	8				3	5	1	
						8		
			1		6			5
		4		3			6	2

3								9
	9			7	6			
	2	8			5			4
5				9			4	
	4	3		5		8	9	
	7			4				6
4			7			9	6	
			3	6			2	
7								8

			6		3		2
2		3			8			7
					3	6	1	
	2					1		
1			3		6			4
		5					2	
	1	9	4					
6			1			4		9
4		8		3				

				4			5	
1					5			3
	3		6			2		
		1		7	4			6
7								4
2			1	5		3		
		9			8		4	
3			4					2
	7			2				

	8			6		4		
2					5	6	8	
					9			7
8							5	2
			9		8			
3	7							8
4			7					
	2	3	4					6
		9		5			2	

		5			2	7		
7		3	8					
				7	4		3	1
	3							7
4			1	5	7			2
2							1	
9	2		7	4				
					9	8		6
		4	6			2		

	4					5	6	
					2	7		4
2			1					9
		8			4	2		1
				1				
6		1	2			9		
4					8			7
5		7	6					
	8	2					9	

7				4	3			9
				5	7		6	
5			2		1	7	4	
		1			6			
4				7				6
			5			8		
	2	4	3		5			7
	5		4	1				
3			7	8				5

			3		8	2		
	7				2			
6				5			3	
3				9		1		
7								9
		6		2				5
	6			8				1
			2				4	
		8	7		4			

	5		1		7		4	9
	4	3		9	6			
							2	
	8			5		2	6	4
7	9	4		6			8	
	3							
			9	8		6	5	
5	6		2		4		9	

6					5	1	9	
			8	6		4		3
				9			7	6
		9	7					1
				3				
1					6	7		
9	1			7				
8		3		5	9			
	7	2	3					9

3				5			9	
					7	6		
1			2				8	
9		3		2	1			8
2	1						4	9
6			4	8		1		3
	2				4			6
		5	6					
	6			1				2

4			8					
			6		5			4
	9	2				5		7
		3	2			7		
	2		7		4		5	
		1			6	8		
2		4				3	6	
3			4		9			
					8			5

1			9		6	8		
		7	3					1
9				1		3		
						7		5
	1	6		7		9	4	
8		5						
		1		3				8
6					1	4		
		8	4		9			6

								7
4					3	9	5	
5	2						8	4
9			1			5		8
			2		4			
3		2			9			6
8	9						4	1
	1	5	3					9
2								

3	8			6			4	
						6		
1		6			2			8
	6		5		3	7		
		1				5		
		5	6		8		9	
8			7			4		9
		7						
	5			4			6	7

	5				9	7	2	
7					2		1	3
						8		6
4		3			6			
			1		3			
			4			9		2
6		7						
5	3		2					9
	8	2	6				4	

	4							
		3			9			
5	6	7			4	8		
			8		6			9
	8	5				7	1	
9			4		5			
		4	6			1	8	7
			5			6		
							3	

		3				5		
8			3	2				7
	5		7			8		
4		2			7		1	
	3		2			9		4
		6			2		4	
5				1	6			8
		1				7		

	3		4			7		1
			9	2				
6					7		5	
			2		6		1	
2								7
	1		7		8			
	9		8					4
				7	9			
5		7			3		8	

4		2						8
			4		7			
1		7		9				
	6	8					2	
5								3
	4					6	9	
				5		9		7
			8		1			
8						4		5

		9		1			7	
7				6		2		
	8	5			9	4		
	9	2						
	6		4	8	1		9	
						5	1	
		1	9			6	5	
		7		5				3
	5			4		1		

6			4	3			1	8
	4		6					
						4		2
			8	4			5	1
1								6
4	9			5	6			
8		5						
					3		8	
2	6			9	8			5

					7	8		
	2		9					1
9				8	2	4	3	
	4					1		2
		5				7		
1		7					8	
	5	9	7	3				6
6					4		9	
		3	2					

			3					
9		7		2				
	4						1	9
		6			8		2	7
5		4	7		2	9		3
7	8		4			6		
1	6						7	
				8		1		2
					7			

3					8			
				3		4		
6					9	7	1	
	5	9		8		3		1
8		1		7		9	4	
	8	7	4					6
		3		2				
			1					8

8		9	6				3	
	3				9			
	2			8				
4		7				3		
3	8		7		5		9	1
		6				8		7
				2			1	
			4				7	
	7				1	4		6

	9		1	5				2
		3					5	
						4	1	
6	5		7				2	
			2		6			
	1				9		6	4
	3	7						
	6				1			
8				6	4		9	

			2			4		
	9			3	4		6	
2				9	1			3
8							9	1
		1	9		2	5		
9	7							8
3			7	6				5
	8		3	1			2	
		7			9			

6					1	4		2
5		2	4			9		6
			6				8	3
4					5		9	
	9		8					5
9	4				8			
8		6			4	2		9
2		7	5					8

5	6			1		3	4	2
4		3						
	2							8
			1				5	
3			7		2			6
	8				6			
8							6	
						9		7
2	7	6		5			1	4

	6							1
4				3	5			
		9	6			2		
	1		9			3		
8			3		1			5
		5			4		6	
		6			8	4		
			4	7				2
3							9	

	1			6		3		5
		9			7		4	
	3			9	5			
6		3						
	2			3			7	
						6		4
			7	2			1	
	9		5			8		
2		8		1			5	

			7				2	
	6			4		8		3	
				3		1		6
		8			4	6	1	2
		4				5		
5	1	6	2			8		
4		5		9				
	6		8		5			9
	8				7			

	7			9				6
					2	3		9
2				8	7			
	3	4						5
	6						8	
8						4	3	
			9	6				3
6		2	7					
9				1			6	

		2			3			9
	9		1	5				
	7	3	9				6	
	3					2	8	
9								6
	2	6					1	
	5				1	6	2	
				3	8		5	
2			6			3		

	7	6	4				3	
	5					8			1
4				3				
			9		1	3	6	
3								2
	4	1	8		3			
				7				5
8			5					6
	5				9	7	4	

		9		6		2		
	2		5					
8				9	4			7
7				2		9		
	9		6		8		7	
		3		7				5
2			4	1				9
					2		8	
		1		8		6		

	2	7			9	3		
3							6	7
	8		3		7		1	
					8	5		6
			1		3			
6		8	4					
	3		8		2		5	
2	6							8
		5	9			4	2	

		4		6				2
9								
3		7			4	9	6	
			4			7		5
	5		7		3		2	
7		3			9			
	9	5	1			2		3
								7
1				4		5		

6		9	8					
					3		9	5
2			6			7		
4	7							
	9	5				1	6	
							4	8
		4			1			6
9	8		3					
					6	3		9

	5	2						7
3				7				
1					4			9
	3			8		9		
	7	8		1		3	5	
		9		5			7	
8			6					5
				2				1
4						6	2	

		3		6				
6				5				
1		4				3	6	9
			9				7	8
		9				5		
3	2				4			
4	6	5				1		7
				2				5
				4		8		

		3	2					8
	9			6			4	
	2	6	1	8				
	8	5			2			
			8			7	9	
				2	9	4	8	
	3			1			5	
6					3	9		

5				3		2		
6			7					
	7	2	4	8				
	5					3	2	
		6	9		7	1		
	1	9					4	
				7	3	5	9	
					6			2
		3		4				6

	1					4	8	3
		4			7			5
					5			7
					8			
2		3	1		6	9		8
			5					
5			3					
6			7			2		
4	7	1					5	

	1	9						
	6				7		5	8
8			9					
	4		1		6			7
7			8		2			3
5			4		9		8	
					1			5
1	2		7				4	
						7	3	

5		3	2			8		
				7				5
	2	1			8			7
				8	9			6
		8				1		
7			5	3				
3			8			9	4	
6				4				
		4			3	5		8

3						2		
8					5	1	4	
	2		9					3
	5		6		3			
	8			4			9	
			8		9		6	
5					6		3	
	9	1	3					8
		3						1

	3		1		8			
	6				9	5		
2		1			6			
3					4			1
	1	4				3	6	
6			9					8
			3			4		5
		5	8				9	
			5		7		8	

8				9				6
		9		5				
2	3		7		8		5	
					7		6	
		5				4		
	4		2					
	2		8		4		3	5
				2		6		
3				1				7

4	9							
5			3					
3		2		5	8			
2		9		8	7	3		
1								6
		5	9	6		1		2
			8	7		6		1
					4			8
							4	5

							3	8
	4				8		2	
		8		4				9
1		6		7	5	9		
		5	8	1		7		3
8				2		6		
	5		7				4	
6	9							

	2			5	8		3	
5								8
		9			1	7	5	
		4					1	9
	5		9		2		4	
9	1					5		
	9	1	4			3		
4								7
	6		5	8			9	

2				8		4		6
			4	9			2	1
				3		9		
3		1			4	6		
6								4
		4	3			5		7
		8		7				
5	6			2	8			
1		2		4				8

4	3							1
					1			7
	7	1					4	6
	9			5	7			
			9		3			
			4	6			9	
8	2					5	6	
5			8					
3							7	2

	6	4		1	8	7		
	9			2		6	1	
								4
		6			1			3
	2	3				4	7	
1			2			9		
6								
	8	1		9			6	
		9	5	7		1	4	

	7				4	8		
8	4		3		6	1	7	
5					1			
						3	6	
			8		9			
	1	7						
			4					2
	3	6	1		2		9	8
		8	6				1	

9	4			8				
			4					
		3				4	5	2
	2			3	4	6		
6				1				8
		8	5	6			3	
1	7	4				5		
					8			
				5			6	4

				3	5		1	
5	4		9					
	7	8						
		5		8	1			9
		6				8		
2			3	4		1		
						7	2	
					6		4	5
	5		1	2				

6	9	8			4			
5					9			4
	2					5		
3				9		4		
	1		3		7		6	
		6		1				7
		3					1	
2			8					3
			4			6	2	8

4	7	6			5		1	
8		9				5		
		5						8
			8	7				
	1		6		3		7	
				2	4			
5						8		
		4				2		7
	8		5			9	4	1

	6		3					9
2				6			7	
3		4				1		6
	2		7		4	8		
7								5
		1	6		3		4	
5		7				6		4
	1			8				2
9					6		1	

ANSWERS

The number beside each answer
refers to the puzzle's page number

p.1

5	1	9	4	2	6	7	3	8
4	7	3	1	9	8	2	6	5
2	8	6	5	7	3	9	1	4
9	4	8	3	1	2	6	5	7
7	3	2	6	5	9	4	8	1
6	5	1	8	4	7	3	2	9
3	9	4	2	8	1	5	7	6
8	2	7	9	6	5	1	4	3
1	6	5	7	3	4	8	9	2

p.2

6	3	2	1	8	4	9	7	5
5	9	8	2	6	7	3	1	4
7	1	4	5	9	3	6	8	2
3	2	9	4	1	6	8	5	7
4	7	1	8	3	5	2	9	6
8	6	5	7	2	9	1	4	3
1	4	3	9	5	2	7	6	8
9	5	6	3	7	8	4	2	1
2	8	7	6	4	1	5	3	9

p.3

8	9	7	3	1	6	5	4	2
6	1	4	5	2	7	9	3	8
3	5	2	4	9	8	1	7	6
7	3	9	1	6	4	2	8	5
2	8	6	7	5	3	4	9	1
1	4	5	9	8	2	7	6	3
4	7	1	6	3	5	8	2	9
9	2	3	8	7	1	6	5	4
5	6	8	2	4	9	3	1	7

p.4

9	3	4	7	8	5	1	2	6
5	6	8	4	2	1	3	9	7
2	7	1	9	6	3	8	4	5
3	4	5	2	7	6	9	1	8
6	9	7	1	4	8	5	3	2
1	8	2	3	5	9	6	7	4
8	2	9	5	3	4	7	6	1
4	5	3	6	1	7	2	8	9
7	1	6	8	9	2	4	5	3

p.5

4	7	1	9	6	8	2	5	3
2	3	5	4	1	7	8	9	6
6	8	9	5	3	2	1	4	7
9	6	7	8	2	4	5	3	1
8	5	3	1	7	9	4	6	2
1	4	2	6	5	3	9	7	8
7	2	8	3	9	5	6	1	4
5	1	4	7	8	6	3	2	9
3	9	6	2	4	1	7	8	5

p.6

5	3	1	8	6	4	2	7	9
8	6	2	7	9	1	4	5	3
7	9	4	3	5	2	1	6	8
1	7	5	6	4	3	8	9	2
4	8	9	1	2	5	7	3	6
3	2	6	9	8	7	5	1	4
2	4	7	5	3	6	9	8	1
9	5	3	2	1	8	6	4	7
6	1	8	4	7	9	3	2	5

p.7

3	5	4	1	6	2	9	8	7
7	2	6	8	3	9	1	4	5
8	1	9	7	5	4	2	3	6
4	3	8	6	9	7	5	1	2
1	6	7	5	2	8	3	9	4
5	9	2	4	1	3	6	7	8
2	8	1	3	7	5	4	6	9
6	4	5	9	8	1	7	2	3
9	7	3	2	4	6	8	5	1

p.8

7	5	9	1	6	2	8	3	4
3	6	2	8	4	9	7	5	1
8	1	4	7	5	3	9	2	6
9	8	6	2	3	4	5	1	7
1	4	3	5	9	7	2	6	8
2	7	5	6	8	1	3	4	9
5	9	8	4	2	6	1	7	3
4	2	1	3	7	8	6	9	5
6	3	7	9	1	5	4	8	2

p.9

6	2	1	4	8	9	5	7	3
9	7	5	2	1	3	8	6	4
8	3	4	5	7	6	2	1	9
3	1	8	6	9	5	4	2	7
4	9	2	7	3	8	1	5	6
7	5	6	1	4	2	9	3	8
5	6	7	9	2	4	3	8	1
1	4	3	8	5	7	6	9	2
2	8	9	3	6	1	7	4	5

p.10

1	5	8	9	4	7	6	3	2
6	3	9	2	1	5	8	4	7
4	2	7	6	3	8	9	5	1
7	4	6	8	5	9	1	2	3
5	9	3	1	6	2	7	8	4
8	1	2	3	7	4	5	6	9
9	8	5	7	2	3	4	1	6
3	7	1	4	8	6	2	9	5
2	6	4	5	9	1	3	7	8

p.11

5	8	2	4	9	6	1	7	3
4	9	7	3	1	2	5	6	8
6	1	3	7	5	8	4	9	2
9	3	1	2	4	7	6	8	5
8	6	5	1	3	9	2	4	7
2	7	4	8	6	5	9	3	1
3	4	6	5	8	1	7	2	9
1	2	8	9	7	4	3	5	6
7	5	9	6	2	3	8	1	4

p.12

2	3	1	8	6	9	5	4	7
8	7	6	2	4	5	9	1	3
9	5	4	1	7	3	6	2	8
7	6	9	4	1	8	2	3	5
5	1	8	9	3	2	4	7	6
3	4	2	7	5	6	1	8	9
6	8	3	5	2	4	7	9	1
1	2	5	3	9	7	8	6	4
4	9	7	6	8	1	3	5	2

p.13

6	9	3	1	2	7	8	5	4
7	2	8	4	3	5	9	6	1
5	4	1	6	9	8	7	3	2
2	5	9	7	4	3	6	1	8
1	3	4	8	5	6	2	9	7
8	6	7	9	1	2	3	4	5
4	7	6	3	8	1	5	2	9
3	1	2	5	7	9	4	8	6
9	8	5	2	6	4	1	7	3

p.14

5	2	8	3	7	6	4	1	9
4	1	3	5	2	9	6	8	7
9	7	6	8	1	4	2	3	5
1	6	5	4	8	3	7	9	2
8	9	2	7	6	5	3	4	1
7	3	4	1	9	2	5	6	8
6	5	7	9	4	1	8	2	3
2	8	9	6	3	7	1	5	4
3	4	1	2	5	8	9	7	6

p.15

8	6	3	2	5	9	7	4	1
1	5	4	8	7	3	6	2	9
7	2	9	4	1	6	5	3	8
2	9	7	6	8	1	3	5	4
5	4	1	3	9	2	8	6	7
3	8	6	5	4	7	9	1	2
4	7	5	1	3	8	2	9	6
9	3	2	7	6	4	1	8	5
6	1	8	9	2	5	4	7	3

p.16

7	5	1	3	6	2	4	9	8
2	8	3	9	7	4	1	5	6
6	4	9	1	5	8	2	3	7
1	6	8	4	3	7	9	2	5
3	9	5	2	8	6	7	1	4
4	7	2	5	1	9	8	6	3
5	1	4	7	9	3	6	8	2
8	3	7	6	2	1	5	4	9
9	2	6	8	4	5	3	7	1

p.17

1	5	6	2	7	9	4	8	3
9	4	7	8	1	3	2	5	6
2	8	3	4	6	5	1	9	7
5	1	8	6	4	7	3	2	9
3	6	2	5	9	1	7	4	8
7	9	4	3	8	2	5	6	1
8	2	5	1	3	6	9	7	4
4	3	9	7	5	8	6	1	2
6	7	1	9	2	4	8	3	5

p.18

4	7	2	8	3	5	6	9	1
9	5	1	7	2	6	4	8	3
6	3	8	9	4	1	7	2	5
7	9	5	6	1	3	2	4	8
3	8	4	5	9	2	1	6	7
2	1	6	4	8	7	5	3	9
8	2	7	1	6	9	3	5	4
1	6	9	3	5	4	8	7	2
5	4	3	2	7	8	9	1	6

p.19

3	6	1	5	8	7	4	9	2
7	2	8	4	9	1	6	5	3
9	5	4	6	2	3	8	7	1
4	7	5	3	6	9	2	1	8
6	9	2	8	1	5	3	4	7
1	8	3	2	7	4	9	6	5
2	1	7	9	4	8	5	3	6
8	3	9	7	5	6	1	2	4
5	4	6	1	3	2	7	8	9

p.20

4	1	3	9	6	8	2	7	5
7	6	8	5	2	3	9	1	4
2	9	5	4	1	7	6	3	8
8	2	9	6	3	5	7	4	1
6	5	1	2	7	4	8	9	3
3	4	7	1	8	9	5	6	2
9	3	2	7	5	1	4	8	6
1	7	6	8	4	2	3	5	9
5	8	4	3	9	6	1	2	7

p.21

3	8	5	4	6	7	1	2	9
9	6	2	8	5	1	3	7	4
4	1	7	3	9	2	6	5	8
2	9	3	7	4	6	8	1	5
1	7	6	2	8	5	4	9	3
5	4	8	1	3	9	7	6	2
6	3	9	5	1	4	2	8	7
8	2	1	9	7	3	5	4	6
7	5	4	6	2	8	9	3	1

p.22

1	7	8	2	4	3	9	6	5
5	6	4	9	1	8	3	7	2
2	3	9	7	6	5	8	4	1
3	2	5	6	7	4	1	8	9
6	8	7	5	9	1	2	3	4
4	9	1	3	8	2	6	5	7
9	1	3	8	5	7	4	2	6
7	4	2	1	3	6	5	9	8
8	5	6	4	2	9	7	1	3

p.23

5	6	9	4	8	2	1	7	3
3	4	8	5	7	1	2	9	6
2	7	1	9	3	6	8	5	4
1	5	4	6	9	3	7	8	2
7	3	6	1	2	8	9	4	5
8	9	2	7	5	4	6	3	1
9	2	7	3	1	5	4	6	8
4	1	5	8	6	7	3	2	9
6	8	3	2	4	9	5	1	7

p.24

3	8	4	7	1	2	6	5	9
9	1	5	6	3	4	7	2	8
6	2	7	5	8	9	3	4	1
5	7	6	3	9	8	2	1	4
1	4	8	2	5	6	9	3	7
2	9	3	1	4	7	8	6	5
7	5	2	8	6	1	4	9	3
8	3	9	4	2	5	1	7	6
4	6	1	9	7	3	5	8	2

p.25

1	9	8	4	7	2	3	6	5
2	4	3	8	6	5	7	1	9
5	6	7	9	1	3	8	2	4
8	3	2	1	5	4	9	7	6
9	5	1	7	8	6	2	4	3
6	7	4	3	2	9	5	8	1
7	1	5	6	9	8	4	3	2
3	2	6	5	4	7	1	9	8
4	8	9	2	3	1	6	5	7

p.26

4	5	7	6	3	8	2	9	1
1	2	6	9	4	7	3	5	8
3	8	9	2	5	1	7	6	4
9	3	4	8	1	2	5	7	6
5	7	8	4	9	6	1	2	3
6	1	2	3	7	5	4	8	9
8	6	3	7	2	4	9	1	5
2	9	5	1	8	3	6	4	7
7	4	1	5	6	9	8	3	2

p.27

8	1	3	7	9	2	6	4	5
7	4	2	5	6	3	1	8	9
9	6	5	4	1	8	3	2	7
5	8	1	6	3	9	4	7	2
4	7	9	1	2	5	8	3	6
2	3	6	8	4	7	5	9	1
6	5	7	9	8	4	2	1	3
1	2	8	3	7	6	9	5	4
3	9	4	2	5	1	7	6	8

p.28

8	1	3	7	9	2	6	4	5
7	4	2	5	6	3	1	8	9
9	6	5	4	1	8	3	2	7
5	8	1	6	3	9	4	7	2
4	7	9	1	2	5	8	3	6
2	3	6	8	4	7	5	9	1
6	5	7	9	8	4	2	1	3
1	2	8	3	7	6	9	5	4
3	9	4	2	5	1	7	6	8

p.29

5	6	2	7	9	1	3	4	8
8	9	1	3	4	5	2	6	7
7	3	4	2	8	6	1	9	5
4	2	9	1	6	8	7	5	3
6	1	5	4	7	3	9	8	2
3	7	8	9	5	2	4	1	6
1	8	3	6	2	9	5	7	4
2	5	7	8	1	4	6	3	9
9	4	6	5	3	7	8	2	1

p.30

7	2	8	4	1	3	9	6	5
6	9	4	7	5	2	3	1	8
3	5	1	9	8	6	7	2	4
8	6	9	5	7	4	1	3	2
1	4	2	8	3	9	6	5	7
5	7	3	2	6	1	4	8	9
9	8	6	1	2	7	5	4	3
4	3	5	6	9	8	2	7	1
2	1	7	3	4	5	8	9	6

p.31

4	9	1	6	5	2	3	7	8
5	7	2	3	8	1	9	4	6
6	3	8	9	4	7	5	1	2
8	1	4	2	9	6	7	3	5
7	2	5	1	3	4	6	8	9
3	6	9	8	7	5	4	2	1
1	5	7	4	6	8	2	9	3
2	4	3	5	1	9	8	6	7
9	8	6	7	2	3	1	5	4

p.32

6	4	1	7	9	2	8	5	3
5	2	8	6	3	1	7	4	9
9	7	3	8	5	4	1	2	6
4	8	9	3	1	7	2	6	5
2	6	7	9	4	5	3	8	1
1	3	5	2	6	8	9	7	4
8	1	6	4	2	3	5	9	7
3	9	2	5	7	6	4	1	8
7	5	4	1	8	9	6	3	2

p.33

1	4	6	3	2	8	9	7	5
8	3	9	4	5	7	2	1	6
2	5	7	1	9	6	8	3	4
7	2	3	6	4	9	5	8	1
4	6	8	5	1	3	7	9	2
9	1	5	7	8	2	4	6	3
5	7	4	9	3	1	6	2	8
3	9	2	8	6	4	1	5	7
6	8	1	2	7	5	3	4	9

p.34

9	7	6	4	1	8	3	2	5
1	2	3	5	6	9	4	7	8
5	4	8	2	7	3	1	9	6
7	3	5	1	8	6	9	4	2
6	9	4	7	2	5	8	1	3
8	1	2	9	3	4	6	5	7
3	5	1	6	9	2	7	8	4
2	6	9	8	4	7	5	3	1
4	8	7	3	5	1	2	6	9

p.35

7	8	1	9	4	5	3	2	6
2	9	4	7	6	3	8	5	1
5	6	3	2	1	8	9	4	7
1	5	9	3	7	4	6	8	2
6	4	8	5	9	2	1	7	3
3	2	7	6	8	1	4	9	5
4	7	5	1	3	9	2	6	8
8	3	2	4	5	6	7	1	9
9	1	6	8	2	7	5	3	4

p.36

7	4	6	8	1	3	9	2	5
1	9	3	2	5	6	4	7	8
5	2	8	4	9	7	1	3	6
6	1	5	9	2	4	3	8	7
8	3	4	5	7	1	6	9	2
9	7	2	6	3	8	5	1	4
2	8	9	1	4	5	7	6	3
3	5	1	7	6	2	8	4	9
4	6	7	3	8	9	2	5	1

p.37

1	7	9	8	5	3	4	2	6
2	3	8	4	6	1	9	5	7
5	6	4	2	9	7	1	8	3
4	8	3	6	7	9	5	1	2
7	5	6	1	2	8	3	4	9
9	1	2	3	4	5	7	6	8
8	9	1	5	3	6	2	7	4
3	2	5	7	8	4	6	9	1
6	4	7	9	1	2	8	3	5

p.38

5	3	6	7	8	1	4	9	2
7	8	2	4	5	9	6	3	1
9	1	4	6	2	3	8	5	7
2	6	5	1	3	4	9	7	8
1	9	7	2	6	8	5	4	3
8	4	3	9	7	5	2	1	6
6	2	9	3	4	7	1	8	5
3	5	1	8	9	6	7	2	4
4	7	8	5	1	2	3	6	9

p.39

1	3	9	6	5	4	8	2	7
8	4	5	9	7	2	3	1	6
6	2	7	3	1	8	4	9	5
5	9	2	8	6	1	7	4	3
7	1	6	4	3	5	2	8	9
3	8	4	2	9	7	5	6	1
2	5	1	7	8	6	9	3	4
4	7	3	1	2	9	6	5	8
9	6	8	5	4	3	1	7	2

p.40

1	5	3	8	6	9	7	4	2
9	7	6	2	4	1	5	8	3
2	4	8	7	5	3	9	6	1
7	8	9	4	2	6	1	3	5
3	2	4	5	1	8	6	9	7
6	1	5	9	3	7	8	2	4
4	6	2	1	9	5	3	7	8
8	9	1	3	7	4	2	5	6
5	3	7	6	8	2	4	1	9

p.41

5	1	6	9	8	3	7	4	2
9	2	7	6	5	4	3	1	8
8	4	3	7	2	1	5	9	6
3	8	2	5	9	6	4	7	1
1	9	5	4	7	2	8	6	3
7	6	4	1	3	8	9	2	5
4	7	8	2	1	5	6	3	9
2	5	9	3	6	7	1	8	4
6	3	1	8	4	9	2	5	7

p.42

8	6	7	2	9	4	5	3	1
5	9	1	7	3	8	2	6	4
4	2	3	6	5	1	8	9	7
1	5	8	3	4	9	6	7	2
3	7	9	5	2	6	1	4	8
2	4	6	8	1	7	9	5	3
7	3	2	1	6	5	4	8	9
9	8	5	4	7	2	3	1	6
6	1	4	9	8	3	7	2	5

p.43

9	1	2	5	8	7	6	3	4
3	4	7	2	9	6	5	8	1
6	8	5	3	4	1	2	7	9
5	6	4	1	7	2	3	9	8
8	2	1	6	3	9	7	4	5
7	3	9	8	5	4	1	6	2
4	5	6	7	2	8	9	1	3
2	7	8	9	1	3	4	5	6
1	9	3	4	6	5	8	2	7

p.44

4	5	9	7	3	8	6	1	2
3	1	7	5	6	2	9	8	4
8	6	2	9	4	1	3	7	5
6	2	4	8	9	3	7	5	1
7	9	8	4	1	5	2	6	3
1	3	5	2	7	6	8	4	9
9	4	3	1	8	7	5	2	6
2	7	1	6	5	9	4	3	8
5	8	6	3	2	4	1	9	7

p.45

2	9	1	5	8	6	4	3	7
5	8	4	3	1	7	6	2	9
6	3	7	4	9	2	1	8	5
9	7	5	8	6	4	2	1	3
3	4	6	2	7	1	5	9	8
8	1	2	9	3	5	7	4	6
1	2	8	6	5	3	9	7	4
7	6	3	1	4	9	8	5	2
4	5	9	7	2	8	3	6	1

p.46

7	9	4	6	8	1	2	3	5
5	1	6	3	2	7	9	8	4
3	8	2	9	4	5	1	7	6
9	4	7	8	5	2	6	1	3
2	3	8	4	1	6	5	9	7
1	6	5	7	9	3	4	2	8
8	7	9	2	6	4	3	5	1
6	5	3	1	7	9	8	4	2
4	2	1	5	3	8	7	6	9

p.47

6	2	7	8	4	5	1	3	9
8	9	4	3	2	1	7	6	5
3	5	1	6	7	9	4	2	8
9	7	6	2	3	4	8	5	1
5	8	3	7	1	6	9	4	2
4	1	2	5	9	8	3	7	6
2	4	8	1	6	7	5	9	3
1	6	9	4	5	3	2	8	7
7	3	5	9	8	2	6	1	4

p.48

1	2	6	8	9	5	3	4	7
7	9	5	3	4	1	6	2	8
4	8	3	2	7	6	9	1	5
3	7	1	9	6	4	5	8	2
8	6	2	1	5	3	7	9	4
9	5	4	7	8	2	1	6	3
6	1	8	5	2	7	4	3	9
5	3	9	4	1	8	2	7	6
2	4	7	6	3	9	8	5	1

p.49

5	7	6	8	9	4	1	2	3
8	9	2	1	3	5	7	6	4
1	3	4	6	2	7	9	5	8
9	4	5	2	8	6	3	7	1
6	8	3	7	4	1	2	9	5
2	1	7	9	5	3	8	4	6
3	2	1	5	6	9	4	8	7
4	6	9	3	7	8	5	1	2
7	5	8	4	1	2	6	3	9

p.50

8	7	2	1	6	5	9	3	4
4	1	3	8	2	9	7	5	6
5	6	9	7	3	4	2	8	1
3	2	6	5	4	8	1	9	7
7	8	1	3	9	2	6	4	5
9	5	4	6	1	7	3	2	8
1	3	8	2	5	6	4	7	9
6	9	7	4	8	3	5	1	2
2	4	5	9	7	1	8	6	3

p.51

5	2	3	7	9	4	8	1	6
7	1	8	6	3	5	4	2	9
9	6	4	1	2	8	7	3	5
1	3	2	4	7	9	5	6	8
4	9	5	8	6	2	3	7	1
6	8	7	3	5	1	9	4	2
2	4	6	9	8	3	1	5	7
8	5	1	2	4	7	6	9	3
3	7	9	5	1	6	2	8	4

p.52

7	5	3	4	2	9	1	6	8
9	2	1	6	3	8	5	4	7
6	8	4	7	5	1	3	9	2
4	9	5	3	7	2	8	1	6
1	7	2	9	8	6	4	3	5
3	6	8	1	4	5	2	7	9
2	3	6	5	1	7	9	8	4
8	4	9	2	6	3	7	5	1
5	1	7	8	9	4	6	2	3

p.53

5	8	1	3	7	6	9	4	2
7	6	4	9	2	1	8	5	3
3	9	2	4	5	8	1	6	7
2	4	7	6	1	9	3	8	5
6	1	9	8	3	5	2	7	4
8	3	5	7	4	2	6	1	9
4	7	8	1	9	3	5	2	6
1	5	3	2	6	4	7	9	8
9	2	6	5	8	7	4	3	1

p.54

3	4	6	7	9	5	8	2	1
8	2	1	4	6	3	9	7	5
9	7	5	1	8	2	3	4	6
2	9	8	6	5	7	1	3	4
6	3	7	2	1	4	5	8	9
1	5	4	8	3	9	7	6	2
4	8	3	9	2	1	6	5	7
5	1	2	3	7	6	4	9	8
7	6	9	5	4	8	2	1	3

p.55

5	7	8	6	4	2	3	9	1
9	4	1	7	8	3	5	2	6
6	3	2	1	5	9	8	7	4
2	9	4	5	7	6	1	8	3
3	1	6	4	9	8	2	5	7
7	8	5	2	3	1	4	6	9
1	2	7	8	6	4	9	3	5
8	6	3	9	1	5	7	4	2
4	5	9	3	2	7	6	1	8

p.56

9	5	1	6	2	8	4	7	3
6	7	3	1	4	9	8	2	5
8	4	2	3	5	7	9	6	1
4	3	9	7	6	2	1	5	8
5	8	6	9	1	3	2	4	7
1	2	7	5	8	4	6	3	9
7	1	8	2	3	6	5	9	4
3	6	4	8	9	5	7	1	2
2	9	5	4	7	1	3	8	6

p.57

1	2	8	5	4	7	3	9	6
4	9	7	3	2	6	5	1	8
3	5	6	8	9	1	7	2	4
7	1	5	9	8	2	6	4	3
6	8	4	7	1	3	2	5	9
2	3	9	4	6	5	8	7	1
5	7	1	6	3	9	4	8	2
9	4	3	2	7	8	1	6	5
8	6	2	1	5	4	9	3	7

p.58

5	4	2	3	7	8	6	9	1
3	8	7	1	9	6	5	4	2
6	1	9	5	2	4	7	3	8
1	7	3	8	6	2	9	5	4
4	2	5	9	1	3	8	7	6
9	6	8	4	5	7	1	2	3
2	5	1	6	3	9	4	8	7
8	3	6	7	4	5	2	1	9
7	9	4	2	8	1	3	6	5

p.59

1	9	7	3	2	5	4	6	8
2	5	8	6	1	4	7	9	3
6	4	3	8	7	9	5	1	2
4	2	5	1	6	3	9	8	7
9	8	6	7	5	2	3	4	1
3	7	1	4	9	8	2	5	6
8	3	9	2	4	1	6	7	5
7	1	4	5	3	6	8	2	9
5	6	2	9	8	7	1	3	4

p.60

4	5	1	2	8	6	7	9	3
6	8	7	1	3	9	4	2	5
3	2	9	4	5	7	6	8	1
5	6	2	7	4	8	1	3	9
7	1	4	9	2	3	8	5	6
9	3	8	6	1	5	2	4	7
2	7	5	8	9	1	3	6	4
1	4	3	5	6	2	9	7	8
8	9	6	3	7	4	5	1	2

p.61

7	5	9	8	2	3	6	4	1
8	1	4	9	5	6	7	3	2
6	3	2	4	7	1	8	5	9
2	8	1	7	9	5	3	6	4
4	9	5	6	3	2	1	8	7
3	7	6	1	8	4	9	2	5
5	4	8	3	1	9	2	7	6
9	2	7	5	6	8	4	1	3
1	6	3	2	4	7	5	9	8

p.62

8	6	5	1	2	3	4	9	7
7	1	3	9	8	4	2	5	6
2	4	9	5	7	6	8	3	1
6	5	8	3	9	2	1	7	4
9	3	1	8	4	7	6	2	5
4	7	2	6	1	5	3	8	9
3	2	7	4	6	9	5	1	8
1	9	4	2	5	8	7	6	3
5	8	6	7	3	1	9	4	2

p.63

5	7	3	1	8	2	4	9	6
1	4	8	5	6	9	2	3	7
2	9	6	3	4	7	8	1	5
4	3	2	9	7	1	6	5	8
9	6	5	4	2	8	1	7	3
7	8	1	6	5	3	9	4	2
6	1	7	8	9	5	3	2	4
8	5	9	2	3	4	7	6	1
3	2	4	7	1	6	5	8	9

p.64

3	2	5	8	7	4	6	9	1
1	4	8	6	9	2	3	7	5
9	6	7	1	5	3	4	2	8
6	7	9	3	4	1	5	8	2
4	8	3	5	2	7	1	6	9
5	1	2	9	6	8	7	4	3
2	9	6	7	3	5	8	1	4
7	5	1	4	8	9	2	3	6
8	3	4	2	1	6	9	5	7

p.65

8	1	9	6	2	7	4	5	3
4	3	6	8	1	5	9	7	2
7	5	2	3	4	9	8	6	1
2	7	5	9	3	4	1	8	6
6	9	8	2	5	1	7	3	4
3	4	1	7	8	6	2	9	5
1	2	3	5	9	8	6	4	7
9	6	4	1	7	3	5	2	8
5	8	7	4	6	2	3	1	9

p.66

6	8	4	7	2	9	1	5	3
7	2	9	5	3	1	4	6	8
1	5	3	6	4	8	2	7	9
8	7	2	9	5	4	3	1	6
9	3	1	2	6	7	5	8	4
4	6	5	1	8	3	9	2	7
3	9	7	8	1	5	6	4	2
5	4	6	3	7	2	8	9	1
2	1	8	4	9	6	7	3	5

p.67

7	6	3	8	1	9	5	4	2
8	4	2	5	7	3	9	1	6
5	9	1	2	4	6	3	8	7
6	7	5	4	3	1	8	2	9
2	3	4	9	5	8	6	7	1
9	1	8	6	2	7	4	5	3
3	2	6	7	8	4	1	9	5
4	5	9	1	6	2	7	3	8
1	8	7	3	9	5	2	6	4

p.68

2	1	9	3	6	4	7	8	5
7	8	6	9	1	5	4	3	2
5	3	4	7	8	2	6	1	9
6	7	2	5	3	1	8	9	4
1	4	8	6	2	9	3	5	7
3	9	5	8	4	7	1	2	6
4	2	3	1	9	6	5	7	8
9	5	1	4	7	8	2	6	3
8	6	7	2	5	3	9	4	1

p.69

3	8	6	4	2	1	5	9	7
5	4	9	8	6	7	2	1	3
1	7	2	5	3	9	6	8	4
2	6	7	9	1	4	8	3	5
4	9	1	3	5	8	7	2	6
8	3	5	6	7	2	9	4	1
6	5	4	2	9	3	1	7	8
9	1	8	7	4	6	3	5	2
7	2	3	1	8	5	4	6	9

p.70

```
2 5 4 1 6 3 8 9 7
1 6 8 9 7 5 3 4 2
3 9 7 4 2 8 5 6 1
6 8 2 7 5 9 1 3 4
4 3 9 2 1 6 7 5 8
7 1 5 3 8 4 6 2 9
5 4 1 6 9 7 2 8 3
8 2 3 5 4 1 9 7 6
9 7 6 8 3 2 4 1 5
```

p.71

```
9 8 2 7 1 5 3 6 4
7 3 4 2 9 6 5 8 1
5 6 1 3 8 4 2 9 7
8 9 6 1 4 2 7 3 5
4 2 5 6 7 3 9 1 8
3 1 7 8 5 9 6 4 2
2 5 3 4 6 8 1 7 9
1 4 9 5 3 7 8 2 6
6 7 8 9 2 1 4 5 3
```

p.72

```
4 8 6 9 2 3 7 5 1
5 2 1 8 7 6 4 3 9
7 9 3 4 1 5 2 8 6
9 3 2 5 4 1 8 6 7
8 7 4 6 3 9 5 1 2
6 1 5 7 8 2 3 9 4
1 5 7 2 6 8 9 4 3
2 6 8 3 9 4 1 7 5
3 4 9 1 5 7 6 2 8
```

p.73

```
3 9 8 1 7 5 2 6 4
2 5 7 3 4 6 9 8 1
6 1 4 8 2 9 7 5 3
7 2 6 9 1 4 5 3 8
9 8 1 2 5 3 4 7 6
4 3 5 6 8 7 1 9 2
1 4 9 7 6 8 3 2 5
5 6 3 4 9 2 8 1 7
8 7 2 5 3 1 6 4 9
```

p.74

```
3 7 6 4 5 8 1 2 9
9 1 5 3 2 6 4 7 8
2 4 8 9 1 7 6 5 3
7 9 2 1 8 4 5 3 6
8 5 1 2 6 3 7 9 4
6 3 4 5 7 9 2 8 1
1 8 7 6 9 5 3 4 2
4 2 9 7 3 1 8 6 5
5 6 3 8 4 2 9 1 7
```

p.75

```
7 6 5 8 4 2 9 3 1
2 4 8 3 9 1 7 6 5
1 3 9 5 6 7 2 8 4
6 9 1 7 3 5 8 4 2
8 7 4 2 1 6 3 5 9
3 5 2 9 8 4 1 7 6
4 8 6 1 2 3 5 9 7
5 2 3 6 7 9 4 1 8
9 1 7 4 5 8 6 2 3
```

p.76

```
6 1 7 8 2 9 5 3 4
4 8 2 5 6 3 9 1 7
5 3 9 7 4 1 8 6 2
1 7 5 3 9 2 4 8 6
9 6 3 4 7 8 1 2 5
2 4 8 1 5 6 3 7 9
3 5 6 2 8 4 7 9 1
8 2 4 9 1 7 6 5 3
7 9 1 6 3 5 2 4 8
```

p.77

```
4 3 8 5 9 6 2 7 1
1 7 6 2 8 3 4 9 5
9 5 2 7 4 1 3 8 6
8 6 3 9 1 5 7 2 4
5 9 4 3 2 7 6 1 8
7 2 1 8 6 4 5 3 9
2 8 5 4 7 9 1 6 3
3 1 9 6 5 2 8 4 7
6 4 7 1 3 8 9 5 2
```

p.78

```
9 4 6 5 7 8 1 3 2
8 3 5 6 1 2 9 7 4
2 7 1 3 4 9 5 6 8
4 5 3 7 2 6 8 1 9
6 2 8 1 9 3 7 4 5
7 1 9 8 5 4 3 2 6
5 8 4 2 3 1 6 9 7
1 9 7 4 6 5 2 8 3
3 6 2 9 8 7 4 5 1
```

p.79

```
6 7 4 2 9 1 3 5 8
5 2 3 8 4 6 1 9 7
9 8 1 5 7 3 4 2 6
7 5 6 3 8 9 2 1 4
3 4 8 1 5 2 7 6 9
1 9 2 7 6 4 8 3 5
2 6 7 9 3 8 5 4 1
4 3 5 6 1 7 9 8 2
8 1 9 4 2 5 6 7 3
```

p.80

```
9 6 3 2 5 1 7 4 8
2 7 4 8 3 6 1 9 5
1 8 5 9 7 4 6 3 2
8 5 2 3 6 9 4 1 7
7 9 6 1 4 8 2 5 3
3 4 1 7 2 5 8 6 9
4 2 7 5 1 3 9 8 6
6 3 8 4 9 7 5 2 1
5 1 9 6 8 2 3 7 4
```

p.81

```
3 1 7 8 2 5 4 6 9
9 6 2 1 4 7 5 8 3
5 8 4 9 6 3 2 1 7
2 3 6 5 7 4 1 9 8
1 4 8 6 9 2 7 3 5
7 9 5 3 1 8 6 2 4
6 5 9 7 3 1 8 4 2
4 7 3 2 8 6 9 5 1
8 2 1 4 5 9 3 7 6
```

p.82

1	9	7	6	5	4	3	8	2
5	8	6	3	9	2	7	4	1
4	2	3	7	1	8	5	6	9
9	6	5	4	8	3	2	1	7
3	4	8	2	7	1	6	9	5
2	7	1	9	6	5	8	3	4
8	3	9	5	4	7	1	2	6
6	5	2	1	3	9	4	7	8
7	1	4	8	2	6	9	5	3

p.83

4	1	5	7	8	3	6	9	2
8	2	7	4	9	6	5	3	1
3	6	9	2	1	5	8	4	7
5	7	2	1	6	4	3	8	9
6	4	3	9	2	8	1	7	5
1	9	8	5	3	7	2	6	4
7	8	1	3	4	2	9	5	6
9	3	4	6	5	1	7	2	8
2	5	6	8	7	9	4	1	3

p.84

7	4	5	3	1	9	6	2	8
2	1	3	8	4	6	9	5	7
9	6	8	5	7	2	3	4	1
3	5	6	7	8	4	2	1	9
8	9	2	6	5	1	7	3	4
1	7	4	9	2	3	5	8	6
5	2	7	4	9	8	1	6	3
6	8	1	2	3	7	4	9	5
4	3	9	1	6	5	8	7	2

p.85

6	7	4	9	1	8	2	5	3
9	3	5	2	4	6	7	1	8
1	8	2	5	7	3	6	9	4
5	6	9	1	2	4	3	8	7
8	4	7	3	6	5	1	2	9
2	1	3	8	9	7	5	4	6
4	5	8	7	3	1	9	6	2
7	2	1	6	8	9	4	3	5
3	9	6	4	5	2	8	7	1

p.86

6	9	7	5	4	2	8	1	3
2	4	5	8	3	1	9	6	7
1	8	3	6	9	7	5	2	4
4	1	9	3	5	8	6	7	2
7	5	8	1	2	6	3	4	9
3	6	2	9	7	4	1	5	8
5	7	6	4	8	9	2	3	1
9	2	1	7	6	3	4	8	5
8	3	4	2	1	5	7	9	6

p.87

3	9	7	5	2	8	4	6	1
1	6	8	3	4	9	5	2	7
2	5	4	1	7	6	3	8	9
8	3	9	4	6	1	7	5	2
7	4	2	9	8	5	1	3	6
5	1	6	2	3	7	9	4	8
4	7	3	6	1	2	8	9	5
9	2	1	8	5	4	6	7	3
6	8	5	7	9	3	2	1	4

p.88

1	6	9	7	8	2	4	3	5
4	7	3	1	5	6	2	9	8
2	8	5	9	4	3	7	1	6
6	5	4	8	3	1	9	7	2
7	3	2	6	9	5	1	8	4
9	1	8	2	7	4	6	5	3
8	2	1	3	6	7	5	4	9
5	9	6	4	1	8	3	2	7
3	4	7	5	2	9	8	6	1

p.89

8	9	4	5	3	2	7	6	1
1	3	6	9	4	7	8	5	2
2	5	7	1	8	6	3	4	9
3	7	9	6	2	1	4	8	5
5	6	2	4	7	8	1	9	3
4	1	8	3	5	9	2	7	6
7	2	1	8	9	5	6	3	4
6	4	5	7	1	3	9	2	8
9	8	3	2	6	4	5	1	7

p.90

7	5	4	3	1	6	9	8	2
8	6	9	7	4	2	3	5	1
2	3	1	9	5	8	4	6	7
5	2	3	6	8	7	1	4	9
4	9	8	5	2	1	6	7	3
1	7	6	4	9	3	5	2	8
6	8	7	1	3	5	2	9	4
9	1	5	2	7	4	8	3	6
3	4	2	8	6	9	7	1	5

p.91

4	7	6	2	9	5	1	8	3
8	3	1	4	6	7	2	9	5
5	2	9	1	3	8	6	4	7
9	8	7	3	1	4	5	6	2
3	5	2	9	7	6	4	1	8
1	6	4	5	8	2	7	3	9
6	9	3	7	5	1	8	2	4
2	1	5	8	4	3	9	7	6
7	4	8	6	2	9	3	5	1

p.92

1	3	8	5	9	6	7	2	4
4	6	2	1	7	8	3	5	9
7	9	5	4	2	3	6	8	1
9	5	7	8	1	4	2	6	3
2	4	6	3	5	9	1	7	8
8	1	3	7	6	2	4	9	5
6	8	1	2	4	5	9	3	7
5	7	9	6	3	1	8	4	2
3	2	4	9	8	7	5	1	6

p.93

9	8	6	5	2	1	7	4	3
4	7	2	9	8	3	1	5	6
3	5	1	7	6	4	8	2	9
5	4	8	3	1	2	6	9	7
1	9	3	6	5	7	2	8	4
2	6	7	8	4	9	3	1	5
8	2	5	4	3	6	9	7	1
6	1	9	2	7	5	4	3	8
7	3	4	1	9	8	5	6	2

p.94

7	1	8	3	4	9	5	2	6
2	6	3	7	5	1	8	4	9
9	4	5	6	8	2	3	7	1
6	9	7	5	2	3	1	8	4
8	3	1	4	7	6	9	5	2
5	2	4	9	1	8	7	6	3
4	8	6	1	3	5	2	9	7
1	7	2	8	9	4	6	3	5
3	5	9	2	6	7	4	1	8

p.95

4	8	6	7	5	1	2	9	3
3	7	2	4	6	9	5	8	1
9	1	5	2	8	3	6	7	4
7	9	4	3	1	6	8	2	5
5	6	1	9	2	8	4	3	7
2	3	8	5	4	7	1	6	9
1	5	3	6	7	2	9	4	8
8	2	7	1	9	4	3	5	6
6	4	9	8	3	5	7	1	2

p.96

4	1	8	3	6	5	2	7	9
3	2	9	7	4	8	6	5	1
5	6	7	9	1	2	8	4	3
7	4	5	2	9	3	1	8	6
1	8	3	6	7	4	5	9	2
2	9	6	8	5	1	7	3	4
9	7	4	5	2	6	3	1	8
6	3	1	4	8	7	9	2	5
8	5	2	1	3	9	4	6	7

p.97

1	7	5	9	3	6	4	2	8
9	6	4	8	1	2	5	7	3
2	3	8	5	4	7	6	9	1
5	1	2	4	7	9	3	8	6
7	4	3	1	6	8	9	5	2
6	8	9	3	2	5	7	1	4
3	9	7	6	8	1	2	4	5
4	5	1	2	9	3	8	6	7
8	2	6	7	5	4	1	3	9

p.98

1	4	8	3	7	6	2	5	9
3	7	6	9	5	2	8	4	1
9	2	5	4	1	8	3	6	7
8	3	1	5	2	7	6	9	4
2	5	4	8	6	9	7	1	3
7	6	9	1	4	3	5	2	8
4	8	7	2	9	5	1	3	6
5	9	3	6	8	1	4	7	2
6	1	2	7	3	4	9	8	5

p.99

9	2	1	8	4	7	6	3	5
5	6	7	9	3	2	8	4	1
4	8	3	6	1	5	7	2	9
8	9	2	3	7	6	5	1	4
6	1	4	5	9	8	3	7	2
3	7	5	4	2	1	9	8	6
2	3	6	1	8	9	4	5	7
1	5	8	7	6	4	2	9	3
7	4	9	2	5	3	1	6	8

p.100

8	6	7	5	1	2	3	4	9
5	4	2	3	8	9	7	6	1
3	9	1	6	7	4	2	8	5
4	1	9	8	3	7	5	2	6
6	2	3	1	4	5	9	7	8
7	5	8	9	2	6	1	3	4
9	3	4	7	6	1	8	5	2
1	8	6	2	5	3	4	9	7
2	7	5	4	9	8	6	1	3

p.101

6	5	1	2	9	8	3	4	7
8	4	7	6	5	3	9	1	2
9	3	2	1	4	7	5	6	8
2	7	5	3	6	9	4	8	1
1	9	4	8	2	5	6	7	3
3	8	6	7	1	4	2	9	5
7	1	9	5	3	6	8	2	4
5	6	8	4	7	2	1	3	9
4	2	3	9	8	1	7	5	6

p.102

6	1	2	8	4	7	3	5	9
7	8	3	5	2	9	1	4	6
4	9	5	6	3	1	8	2	7
5	4	8	1	7	3	9	6	2
1	6	9	2	8	4	5	7	3
2	3	7	9	6	5	4	8	1
9	5	6	7	1	8	2	3	4
3	2	1	4	5	6	7	9	8
8	7	4	3	9	2	6	1	5

p.103

5	2	1	6	9	8	7	4	3
9	7	6	4	3	2	8	5	1
8	3	4	7	1	5	2	6	9
6	5	3	8	7	4	1	9	2
4	1	7	2	5	9	3	8	6
2	8	9	3	6	1	4	7	5
1	4	8	5	2	6	9	3	7
7	6	2	9	8	3	5	1	4
3	9	5	1	4	7	6	2	8

p.104

7	1	2	9	6	8	5	4	3
3	5	6	1	2	4	9	8	7
4	9	8	5	7	3	6	2	1
5	3	1	8	9	2	7	6	4
2	4	7	6	1	5	8	3	9
8	6	9	4	3	7	1	5	2
1	8	4	2	5	9	3	7	6
9	7	5	3	4	6	2	1	8
6	2	3	7	8	1	4	9	5

p.105

6	8	9	3	1	4	5	2	7
1	3	4	2	5	7	9	8	6
7	5	2	9	8	6	4	3	1
3	4	7	8	6	5	1	9	2
5	2	1	7	3	9	6	4	8
8	9	6	4	2	1	7	5	3
2	1	5	6	9	8	3	7	4
9	7	3	1	4	2	8	6	5
4	6	8	5	7	3	2	1	9

p.106

6	2	4	1	3	7	8	5	9
5	3	7	8	4	9	1	2	6
1	8	9	2	5	6	3	7	4
2	1	5	6	8	3	9	4	7
7	6	8	9	2	4	5	1	3
9	4	3	7	1	5	2	6	8
8	9	2	4	6	1	7	3	5
4	5	1	3	7	8	6	9	2
3	7	6	5	9	2	4	8	1

p.107

3	1	2	5	7	6	8	4	9
4	9	6	8	3	1	2	5	7
7	8	5	2	9	4	6	3	1
2	5	7	1	8	9	3	6	4
8	6	3	4	2	7	1	9	5
9	4	1	6	5	3	7	2	8
6	2	9	7	1	5	4	8	3
1	3	4	9	6	8	5	7	2
5	7	8	3	4	2	9	1	6

p.108

2	8	6	5	1	9	4	7	3
1	9	5	7	4	3	8	2	6
7	4	3	8	6	2	9	1	5
9	3	2	1	7	6	5	8	4
5	7	4	2	3	8	6	9	1
8	6	1	4	9	5	2	3	7
3	1	8	6	2	4	7	5	9
4	2	7	9	5	1	3	6	8
6	5	9	3	8	7	1	4	2

p.109

6	3	1	8	7	9	4	5	2
2	5	8	4	1	3	6	9	7
4	9	7	2	5	6	8	3	1
3	1	4	7	9	8	5	2	6
9	8	2	6	3	5	7	1	4
5	7	6	1	2	4	3	8	9
1	6	5	3	4	2	9	7	8
8	2	9	5	6	7	1	4	3
7	4	3	9	8	1	2	6	5

p.110

1	4	5	9	8	3	6	2	7
8	7	9	4	6	2	1	5	3
2	3	6	1	5	7	4	9	8
7	6	3	5	4	9	8	1	2
5	2	8	7	3	1	9	4	6
9	1	4	8	2	6	7	3	5
3	9	2	6	7	4	5	8	1
6	8	1	3	9	5	2	7	4
4	5	7	2	1	8	3	6	9

p.111

6	4	1	8	2	9	7	3	5
7	2	5	3	6	1	9	8	4
9	3	8	5	7	4	2	6	1
1	7	9	4	8	6	3	5	2
2	6	3	1	5	7	4	9	8
5	8	4	9	3	2	6	1	7
8	1	7	2	9	3	5	4	6
3	5	6	7	4	8	1	2	9
4	9	2	6	1	5	8	7	3

p.112

4	1	2	5	7	9	3	8	6
3	8	9	6	1	2	5	7	4
5	7	6	4	3	8	1	2	9
7	6	5	3	9	4	8	1	2
2	4	8	7	6	1	9	5	3
9	3	1	2	8	5	6	4	7
6	5	3	1	4	7	2	9	8
8	2	4	9	5	3	7	6	1
1	9	7	8	2	6	4	3	5

p.113

5	8	4	7	6	9	2	1	3
2	7	3	4	8	1	6	9	5
9	1	6	2	3	5	4	7	8
1	4	9	5	2	7	3	8	6
7	3	5	8	9	6	1	4	2
6	2	8	3	1	4	9	5	7
8	5	2	1	4	3	7	6	9
3	9	1	6	7	8	5	2	4
4	6	7	9	5	2	8	3	1

p.114

9	3	6	7	4	8	5	2	1
1	4	8	9	5	2	7	6	3
5	7	2	6	3	1	4	9	8
2	9	5	8	6	4	1	3	7
4	6	3	1	7	5	2	8	9
8	1	7	3	2	9	6	4	5
7	2	4	5	9	3	8	1	6
6	8	9	2	1	7	3	5	4
3	5	1	4	8	6	9	7	2

p.115

8	5	9	3	1	6	7	4	2
1	2	7	4	5	9	6	8	3
6	3	4	7	8	2	9	1	5
9	6	2	5	7	8	4	3	1
5	1	8	9	4	3	2	6	7
4	7	3	6	2	1	8	5	9
2	8	5	1	9	4	3	7	6
7	4	6	2	3	5	1	9	8
3	9	1	8	6	7	5	2	4

p.116

5	3	9	2	7	8	1	6	4
6	8	2	9	1	4	7	3	5
1	4	7	3	6	5	8	2	9
3	7	1	4	5	9	6	8	2
2	6	4	1	8	7	5	9	3
8	9	5	6	2	3	4	7	1
9	1	3	8	4	6	2	5	7
7	2	8	5	9	1	3	4	6
4	5	6	7	3	2	9	1	8

p.117

7	2	6	4	1	9	5	8	3
5	1	8	7	2	3	6	9	4
9	3	4	8	5	6	2	7	1
6	7	5	2	8	1	3	4	9
2	8	3	9	7	4	1	5	6
1	4	9	6	3	5	8	2	7
8	6	2	1	4	7	9	3	5
4	5	1	3	9	8	7	6	2
3	9	7	5	6	2	4	1	8

p.118

9	8	7	2	3	4	1	6	5
1	3	2	6	5	7	9	8	4
4	5	6	8	9	1	3	2	7
7	1	3	4	2	9	8	5	6
2	9	4	5	6	8	7	1	3
5	6	8	1	7	3	2	4	9
3	2	5	7	8	6	4	9	1
8	7	1	9	4	5	6	3	2
6	4	9	3	1	2	5	7	8

p.119

2	1	8	5	7	6	9	4	3
5	4	3	1	8	9	2	7	6
7	6	9	4	2	3	5	1	8
9	5	1	7	3	4	8	6	2
4	2	6	9	1	8	3	5	7
3	8	7	2	6	5	1	9	4
1	7	4	3	5	2	6	8	9
6	3	5	8	9	7	4	2	1
8	9	2	6	4	1	7	3	5

p.120

3	5	8	9	1	7	6	4	2
1	6	4	3	2	8	5	9	7
7	2	9	6	4	5	1	3	8
2	4	1	7	5	9	8	6	3
5	9	3	4	8	6	7	2	1
6	8	7	2	3	1	4	5	9
8	1	2	5	6	3	9	7	4
9	3	5	8	7	4	2	1	6
4	7	6	1	9	2	3	8	5

p.121

3	6	2	5	4	7	8	9	1
7	8	9	1	6	2	3	4	5
4	1	5	9	8	3	6	2	7
5	7	6	3	2	9	1	8	4
8	2	1	4	5	6	7	3	9
9	4	3	7	1	8	5	6	2
6	5	4	2	3	1	9	7	8
2	9	8	6	7	5	4	1	3
1	3	7	8	9	4	2	5	6

p.122

5	9	7	4	1	8	2	3	6
3	4	1	6	9	2	7	8	5
8	2	6	7	3	5	1	4	9
9	1	2	3	6	7	8	5	4
4	8	3	2	5	9	6	1	7
6	7	5	1	8	4	3	9	2
7	5	4	8	2	3	9	6	1
2	6	8	9	4	1	5	7	3
1	3	9	5	7	6	4	2	8

p.123

9	6	2	8	7	3	4	5	1
3	8	7	1	5	4	9	2	6
4	1	5	2	6	9	3	8	7
8	5	4	7	9	2	1	6	3
7	2	9	3	1	6	5	4	8
6	3	1	5	4	8	2	7	9
2	9	8	6	3	5	7	1	4
1	4	6	9	2	7	8	3	5
5	7	3	4	8	1	6	9	2

p.124

7	6	9	4	3	5	8	2	1
3	8	1	2	9	6	5	4	7
2	5	4	1	8	7	6	3	9
4	3	7	6	2	8	9	1	5
6	9	5	7	1	3	4	8	2
1	2	8	5	4	9	3	7	6
5	4	2	3	6	1	7	9	8
9	1	6	8	7	4	2	5	3
8	7	3	9	5	2	1	6	4

p.125

1	7	2	6	3	9	4	8	5
6	9	8	2	4	5	3	1	7
5	3	4	7	1	8	2	6	9
7	2	5	4	9	1	8	3	6
9	1	3	5	8	6	7	2	4
4	8	6	3	7	2	9	5	1
8	5	7	9	6	3	1	4	2
3	6	9	1	2	4	5	7	8
2	4	1	8	5	7	6	9	3

p.126

1	6	5	3	2	9	4	7	8
7	8	9	4	1	5	6	3	2
2	3	4	6	8	7	5	1	9
9	2	8	1	6	4	7	5	3
3	4	6	7	5	8	9	2	1
5	7	1	2	9	3	8	4	6
4	1	2	9	7	6	3	8	5
8	9	3	5	4	1	2	6	7
6	5	7	8	3	2	1	9	4

p.127

7	1	3	8	5	4	6	9	2
9	2	5	6	3	1	7	4	8
8	4	6	7	9	2	3	1	5
4	3	1	5	2	6	8	7	9
2	5	9	3	8	7	1	6	4
6	8	7	1	4	9	5	2	3
1	9	8	4	7	5	2	3	6
5	6	2	9	1	3	4	8	7
3	7	4	2	6	8	9	5	1

p.128

7	3	2	4	1	6	8	9	5
5	9	1	8	7	2	3	4	6
8	4	6	9	3	5	7	2	1
4	5	3	6	9	8	2	1	7
2	1	9	3	5	7	6	8	4
6	8	7	2	4	1	9	5	3
3	7	4	5	8	9	1	6	2
9	2	5	1	6	3	4	7	8
1	6	8	7	2	4	5	3	9

p.129

4	8	5	9	2	6	3	1	7
1	9	7	3	4	8	2	5	6
3	2	6	5	7	1	4	8	9
8	7	2	6	3	4	1	9	5
6	3	1	2	5	9	8	7	4
9	5	4	8	1	7	6	2	3
5	6	3	7	8	2	9	4	1
2	4	9	1	6	5	7	3	8
7	1	8	4	9	3	5	6	2

p.130
3	2	5	6	9	7	8	1	4
9	8	6	4	1	2	7	5	3
7	4	1	8	3	5	9	2	6
8	1	3	7	6	4	5	9	2
2	9	7	5	8	3	6	4	1
6	5	4	1	2	9	3	8	7
1	7	9	3	4	8	2	6	5
5	6	2	9	7	1	4	3	8
4	3	8	2	5	6	1	7	9

p.131
3	4	5	2	1	6	9	7	8
6	9	8	5	7	3	1	4	2
1	7	2	9	4	8	6	5	3
9	2	3	4	5	1	7	8	6
4	5	1	8	6	7	2	3	9
7	8	6	3	2	9	4	1	5
8	6	4	1	3	2	5	9	7
5	3	7	6	9	4	8	2	1
2	1	9	7	8	5	3	6	4

p.132
9	4	5	3	1	7	6	8	2
8	2	6	4	9	5	3	7	1
1	3	7	6	8	2	5	9	4
3	8	2	9	4	1	7	5	6
6	7	4	5	3	8	2	1	9
5	9	1	7	2	6	4	3	8
2	5	3	8	6	9	1	4	7
7	1	8	2	5	4	9	6	3
4	6	9	1	7	3	8	2	5

p.133
4	8	9	3	5	6	2	7	1
7	1	6	4	9	2	3	5	8
5	3	2	7	8	1	9	4	6
2	7	8	5	6	4	1	9	3
9	6	4	1	2	3	7	8	5
1	5	3	9	7	8	6	2	4
8	9	1	6	4	7	5	3	2
3	2	5	8	1	9	4	6	7
6	4	7	2	3	5	8	1	9

p.134
6	3	5	7	8	2	1	4	9
2	4	7	6	1	9	3	8	5
8	1	9	5	3	4	7	2	6
1	9	2	3	6	7	8	5	4
3	8	4	1	2	5	9	6	7
7	5	6	9	4	8	2	3	1
4	7	8	2	5	1	6	9	3
9	2	3	4	7	6	5	1	8
5	6	1	8	9	3	4	7	2

p.135
4	7	1	3	6	9	2	8	5
6	9	8	2	5	1	7	3	4
2	3	5	7	8	4	6	1	9
1	8	9	4	7	2	3	5	6
5	2	4	8	3	6	9	7	1
7	6	3	1	9	5	8	4	2
9	1	7	5	2	8	4	6	3
3	4	6	9	1	7	5	2	8
8	5	2	6	4	3	1	9	7

p.136
9	4	8	3	7	6	2	5	1
2	1	3	9	8	5	6	7	4
5	6	7	1	2	4	8	9	3
6	3	2	5	1	8	9	4	7
4	7	9	6	3	2	1	8	5
8	5	1	7	4	9	3	6	2
3	2	6	4	9	7	5	1	8
7	8	5	2	6	1	4	3	9
1	9	4	8	5	3	7	2	6

p.137
3	6	1	9	7	4	8	5	2
2	8	7	3	6	5	9	1	4
4	9	5	2	1	8	7	3	6
8	3	9	6	5	2	1	4	7
5	2	6	1	4	7	3	8	9
1	7	4	8	9	3	6	2	5
6	4	3	7	2	1	5	9	8
7	5	8	4	3	9	2	6	1
9	1	2	5	8	6	4	7	3

p.138
3	7	2	4	5	6	8	1	9
4	6	9	1	8	3	5	7	2
5	8	1	7	9	2	3	4	6
1	5	6	3	4	7	2	9	8
2	9	7	8	1	5	6	3	4
8	4	3	2	6	9	1	5	7
7	1	4	5	2	8	9	6	3
9	3	8	6	7	1	4	2	5
6	2	5	9	3	4	7	8	1

p.139
3	2	8	6	9	4	1	5	7
9	4	1	3	7	5	6	2	8
6	5	7	2	8	1	4	9	3
1	3	6	5	4	7	2	8	9
4	9	5	8	1	2	7	3	6
7	8	2	9	6	3	5	1	4
2	6	3	4	5	9	8	7	1
8	7	9	1	2	6	3	4	5
5	1	4	7	3	8	9	6	2

p.140
3	5	7	4	1	2	6	8	9
1	9	4	8	7	6	2	5	3
6	2	8	9	3	5	1	7	4
5	8	6	1	9	3	7	4	2
2	4	3	6	5	7	8	9	1
9	7	1	2	4	8	5	3	6
4	3	2	7	8	1	9	6	5
8	1	5	3	6	9	4	2	7
7	6	9	5	2	4	3	1	8

p.141
5	7	1	9	6	4	3	8	2
2	6	3	5	1	8	9	4	7
8	9	4	2	7	3	6	1	5
9	2	6	7	4	5	1	3	8
1	8	7	3	2	6	5	9	4
3	4	5	8	9	1	7	2	6
7	1	9	4	5	2	8	6	3
6	3	2	1	8	7	4	5	9
4	5	8	6	3	9	2	7	1

p.142

8	6	2	9	4	3	7	5	1
1	9	7	2	8	5	4	6	3
5	3	4	6	1	7	2	9	8
9	8	1	3	7	4	5	2	6
7	5	3	8	6	2	9	1	4
2	4	6	1	5	9	3	8	7
6	2	9	7	3	8	1	4	5
3	1	5	4	9	6	8	7	2
4	7	8	5	2	1	6	3	9

p.143

9	8	1	2	6	7	4	3	5
2	3	7	1	4	5	6	8	9
6	4	5	3	8	9	2	1	7
8	9	4	6	7	3	1	5	2
1	5	6	9	2	8	7	4	3
3	7	2	5	1	4	9	6	8
4	6	8	7	3	2	5	9	1
5	2	3	4	9	1	8	7	6
7	1	9	8	5	6	3	2	4

p.144

1	4	5	3	9	2	7	6	8
7	9	3	8	6	1	5	2	4
6	8	2	5	7	4	9	3	1
5	3	1	9	2	6	4	8	7
4	6	8	1	5	7	3	9	2
2	7	9	4	8	3	6	1	5
9	2	6	7	4	8	1	5	3
3	5	7	2	1	9	8	4	6
8	1	4	6	3	5	2	7	9

p.145

1	4	9	7	8	3	5	6	2
8	6	3	5	9	2	7	1	4
2	7	5	1	4	6	8	3	9
7	3	8	9	6	4	2	5	1
9	2	4	8	1	5	3	7	6
6	5	1	2	3	7	9	4	8
4	9	6	3	5	8	1	2	7
5	1	7	6	2	9	4	8	3
3	8	2	4	7	1	6	9	5

p.146

7	1	8	6	4	3	2	5	9
9	4	2	8	5	7	1	6	3
5	3	6	2	9	1	7	4	8
2	8	1	9	3	6	5	7	4
4	9	5	1	7	8	3	2	6
6	7	3	5	2	4	8	9	1
1	2	4	3	6	5	9	8	7
8	5	7	4	1	9	6	3	2
3	6	9	7	8	2	4	1	5

p.147

9	1	4	3	7	8	2	5	6
5	7	3	6	4	2	9	1	8
6	8	2	1	5	9	7	3	4
3	4	5	8	9	7	1	6	2
7	2	1	5	3	6	4	8	9
8	9	6	4	2	1	3	7	5
4	6	7	9	8	3	5	2	1
1	3	9	2	6	5	8	4	7
2	5	8	7	1	4	6	9	3

p.148

8	5	6	1	2	7	3	4	9
2	4	3	5	9	6	8	7	1
1	7	9	4	3	8	5	2	6
3	8	1	7	5	9	2	6	4
6	2	5	8	4	1	9	3	7
7	9	4	3	6	2	1	8	5
9	3	2	6	7	5	4	1	8
4	1	7	9	8	3	6	5	2
5	6	8	2	1	4	7	9	3

p.149

6	3	7	2	4	5	1	9	8
5	9	1	8	6	7	4	2	3
2	4	8	1	9	3	5	7	6
3	5	9	7	2	4	8	6	1
7	8	6	5	3	1	9	4	2
1	2	4	9	8	6	7	3	5
9	1	5	6	7	2	3	8	4
8	6	3	4	5	9	2	1	7
4	7	2	3	1	8	6	5	9

p.150

3	8	4	1	5	6	2	9	7
5	9	2	8	4	7	6	3	1
1	7	6	2	9	3	4	8	5
9	4	3	7	2	1	5	6	8
2	1	8	3	6	5	7	4	9
6	5	7	4	8	9	1	2	3
7	2	1	9	3	4	8	5	6
8	3	5	6	7	2	9	1	4
4	6	9	5	1	8	3	7	2

p.151

4	5	7	8	9	2	6	3	1
1	3	8	6	7	5	9	2	4
6	9	2	1	4	3	5	8	7
8	4	3	2	5	1	7	9	6
9	2	6	7	8	4	1	5	3
5	7	1	9	3	6	8	4	2
2	8	4	5	1	7	3	6	9
3	1	5	4	6	9	2	7	8
7	6	9	3	2	8	4	1	5

p.152

1	3	4	9	2	6	8	5	7
5	6	7	3	4	8	2	9	1
9	8	2	5	1	7	3	6	4
2	4	9	1	6	3	7	8	5
3	1	6	8	7	5	9	4	2
8	7	5	2	9	4	6	1	3
4	9	1	6	3	2	5	7	8
6	5	3	7	8	1	4	2	9
7	2	8	4	5	9	1	3	6

p.153

6	8	9	4	2	5	1	3	7
4	7	1	8	6	3	9	5	2
5	2	3	9	1	7	6	8	4
9	4	7	1	3	6	5	2	8
1	6	8	2	5	4	7	9	3
3	5	2	7	8	9	4	1	6
8	9	6	5	7	2	3	4	1
7	1	5	3	4	8	2	6	9
2	3	4	6	9	1	8	7	5

p.154

3	8	2	1	6	7	9	4	5
5	7	4	8	3	9	6	1	2
1	9	6	4	5	2	3	7	8
9	6	8	5	1	3	7	2	4
7	3	1	2	9	4	5	8	6
4	2	5	6	7	8	1	9	3
8	1	3	7	2	6	4	5	9
6	4	7	9	8	5	2	3	1
2	5	9	3	4	1	8	6	7

p.155

8	5	6	3	1	9	7	2	4
7	4	9	8	6	2	5	1	3
3	2	1	7	4	5	8	9	6
4	9	3	5	2	6	1	8	7
2	7	8	1	9	3	4	6	5
1	6	5	4	7	8	9	3	2
6	1	7	9	3	4	2	5	8
5	3	4	2	8	1	6	7	9
9	8	2	6	5	7	3	4	1

p.156

1	4	9	7	5	8	2	6	3
8	2	3	1	6	9	5	7	4
5	6	7	3	2	4	8	9	1
7	3	2	8	1	6	4	5	9
4	8	5	9	3	2	7	1	6
9	1	6	4	7	5	3	2	8
2	5	4	6	9	3	1	8	7
3	9	1	5	8	7	6	4	2
6	7	8	2	4	1	9	3	5

p.157

7	6	3	1	4	8	5	9	2
8	1	9	3	2	5	4	6	7
2	5	4	7	6	9	8	3	1
4	9	2	8	3	7	6	1	5
1	7	5	6	9	4	2	8	3
6	3	8	2	5	1	9	7	4
3	8	6	5	7	2	1	4	9
5	4	7	9	1	6	3	2	8
9	2	1	4	8	3	7	5	6

p.158

9	3	8	4	6	5	7	2	1
7	5	4	9	2	1	8	6	3
6	2	1	3	8	7	4	5	9
4	7	9	2	3	6	5	1	8
2	8	6	5	1	4	3	9	7
3	1	5	7	9	8	2	4	6
1	9	3	8	5	2	6	7	4
8	4	2	6	7	9	1	3	5
5	6	7	1	4	3	9	8	2

p.159

4	9	2	1	6	3	7	5	8
6	8	5	4	2	7	1	3	9
1	3	7	5	9	8	2	4	6
7	6	8	3	1	9	5	2	4
5	1	9	2	4	6	8	7	3
2	4	3	7	8	5	6	9	1
3	2	1	6	5	4	9	8	7
9	5	4	8	7	1	3	6	2
8	7	6	9	3	2	4	1	5

p.160

6	3	9	2	1	4	8	7	5
7	1	4	5	6	8	2	3	9
2	8	5	7	3	9	4	6	1
1	9	2	6	7	5	3	8	4
5	6	3	4	8	1	7	9	2
4	7	8	3	9	2	5	1	6
3	4	1	9	2	7	6	5	8
8	2	7	1	5	6	9	4	3
9	5	6	8	4	3	1	2	7

p.161

6	7	9	4	3	2	5	1	8
5	4	2	6	8	1	7	9	3
3	8	1	9	7	5	4	6	2
7	2	6	8	4	9	3	5	1
1	5	8	3	2	7	9	4	6
4	9	3	1	5	6	8	2	7
8	3	5	2	1	4	6	7	9
9	1	7	5	6	3	2	8	4
2	6	4	7	9	8	1	3	5

p.162

5	3	1	4	6	7	8	2	9
8	2	4	9	5	3	6	7	1
9	7	6	1	8	2	4	3	5
3	4	8	6	7	9	1	5	2
2	9	5	8	4	1	7	6	3
1	6	7	3	2	5	9	8	4
4	5	9	7	3	8	2	1	6
6	8	2	5	1	4	3	9	7
7	1	3	2	9	6	5	4	8

p.163

8	2	1	3	9	4	7	6	5
9	5	7	6	2	1	3	4	8
6	4	3	8	7	5	2	1	9
3	9	6	5	1	8	4	2	7
5	1	4	7	6	2	9	8	3
7	8	2	4	3	9	6	5	1
1	6	9	2	5	3	8	7	4
4	7	5	9	8	6	1	3	2
2	3	8	1	4	7	5	9	6

p.164

3	9	4	7	1	8	6	2	5
1	7	5	6	3	2	4	8	9
6	2	8	5	4	9	7	1	3
7	5	9	2	8	4	3	6	1
4	3	2	9	6	1	8	5	7
8	6	1	3	7	5	9	4	2
2	8	7	4	5	3	1	9	6
9	1	3	8	2	6	5	7	4
5	4	6	1	9	7	2	3	8

p.165

8	4	9	6	1	2	7	3	5
6	3	1	5	7	9	2	8	4
7	2	5	3	8	4	1	6	9
4	9	7	1	6	8	3	5	2
3	8	2	7	4	5	6	9	1
1	5	6	2	9	3	8	4	7
9	6	4	8	2	7	5	1	3
2	1	3	4	5	6	9	7	8
5	7	8	9	3	1	4	2	6

p.166

4	9	6	1	5	7	3	8	2
1	7	3	4	2	8	6	5	9
2	8	5	6	9	3	4	1	7
6	5	8	7	4	1	9	2	3
3	4	9	2	8	6	5	7	1
7	1	2	5	3	9	8	6	4
9	3	7	8	1	5	2	4	6
5	6	4	9	7	2	1	3	8
8	2	1	3	6	4	7	9	5

p.167

1	3	8	2	7	6	4	5	9
7	9	5	8	3	4	1	6	2
2	4	6	5	9	1	8	7	3
8	5	3	6	4	7	2	9	1
4	6	1	9	8	2	5	3	7
9	7	2	1	5	3	6	4	8
3	2	4	7	6	8	9	1	5
6	8	9	3	1	5	7	2	4
5	1	7	4	2	9	3	8	6

p.168

6	8	9	3	5	1	4	7	2
5	3	2	4	8	7	9	1	6
1	7	4	6	9	2	5	8	3
4	6	8	7	2	5	3	9	1
7	2	5	9	1	3	8	6	4
3	9	1	8	4	6	7	2	5
9	4	3	2	6	8	1	5	7
8	5	6	1	7	4	2	3	9
2	1	7	5	3	9	6	4	8

p.169

5	6	8	9	1	7	3	4	2
4	9	3	8	2	5	6	7	1
7	2	1	6	3	4	5	9	8
6	4	2	1	8	3	7	5	9
3	1	5	7	9	2	4	8	6
9	8	7	5	4	6	1	2	3
8	3	9	4	7	1	2	6	5
1	5	4	2	6	8	9	3	7
2	7	6	3	5	9	8	1	4

p.170

7	6	3	8	2	9	5	4	1
4	2	8	1	3	5	9	7	6
1	5	9	6	4	7	2	3	8
6	1	7	9	5	2	3	8	4
8	9	4	3	6	1	7	2	5
2	3	5	7	8	4	1	6	9
5	7	6	2	9	8	4	1	3
9	8	1	4	7	3	6	5	2
3	4	2	5	1	6	8	9	7

p.171

8	1	7	2	6	4	3	9	5
5	6	9	3	8	7	1	4	2
4	3	2	1	9	5	7	6	8
6	5	3	4	7	1	2	8	9
9	2	4	8	3	6	5	7	1
7	8	1	9	5	2	6	3	4
3	4	5	7	2	8	9	1	6
1	9	6	5	4	3	8	2	7
2	7	8	6	1	9	4	5	3

p.172

8	3	1	7	6	9	4	2	5
6	5	2	4	1	8	9	3	7
7	4	9	5	3	2	1	8	6
3	7	8	9	5	4	6	1	2
2	9	4	1	8	6	5	7	3
5	1	6	2	7	3	8	9	4
4	2	5	3	9	1	7	6	8
1	6	7	8	2	5	3	4	9
9	8	3	6	4	7	2	5	1

p.173

3	7	5	1	9	4	8	2	6
4	1	8	6	5	2	3	7	9
2	9	6	3	8	7	1	5	4
7	3	4	8	2	1	6	9	5
5	6	1	4	3	9	7	8	2
8	2	9	5	7	6	4	3	1
1	8	7	9	6	5	2	4	3
6	5	2	7	4	3	9	1	8
9	4	3	2	1	8	5	6	7

p.174

1	6	2	8	7	3	5	4	9
8	9	4	1	5	6	7	3	2
5	7	3	9	2	4	8	6	1
7	3	1	4	6	9	2	8	5
9	8	5	3	1	2	4	7	6
4	2	6	5	8	7	9	1	3
3	5	8	7	9	1	6	2	4
6	4	9	2	3	8	1	5	7
2	1	7	6	4	5	3	9	8

p.175

9	7	6	4	1	5	2	3	8
5	2	3	6	9	8	4	7	1
4	1	8	2	3	7	6	5	9
7	8	5	9	2	1	3	6	4
3	6	9	7	5	4	1	8	2
2	4	1	8	6	3	5	9	7
1	9	4	3	7	6	8	2	5
8	3	7	5	4	2	9	1	6
6	5	2	1	8	9	7	4	3

p.176

1	3	9	8	6	7	2	5	4
4	2	7	5	3	1	8	9	6
8	6	5	2	9	4	3	1	7
7	1	4	3	2	5	9	6	8
5	9	2	6	4	8	1	7	3
6	8	3	1	7	9	4	2	5
2	7	8	4	1	6	5	3	9
3	4	6	9	5	2	7	8	1
9	5	1	7	8	3	6	4	2

p.177

4	2	7	6	1	9	3	8	5
3	5	1	2	8	4	9	6	7
9	8	6	3	5	7	2	1	4
1	9	3	7	2	8	5	4	6
5	4	2	1	6	3	8	7	9
6	7	8	4	9	5	1	3	2
7	3	9	8	4	2	6	5	1
2	6	4	5	3	1	7	9	8
8	1	5	9	7	6	4	2	3

p.178

5	8	4	9	6	1	3	7	2
9	6	1	2	3	7	8	5	4
3	2	7	8	5	4	9	6	1
2	1	9	4	8	6	7	3	5
8	5	6	7	1	3	4	2	9
7	4	3	5	2	9	6	1	8
6	9	5	1	7	8	2	4	3
4	3	2	6	9	5	1	8	7
1	7	8	3	4	2	5	9	6

p.179

6	5	9	8	4	7	2	1	3
7	4	8	1	2	3	6	9	5
2	1	3	6	9	5	7	8	4
4	7	1	5	6	8	9	3	2
8	9	5	2	3	4	1	6	7
3	6	2	7	1	9	5	4	8
5	3	4	9	7	1	8	2	6
9	8	6	3	5	2	4	7	1
1	2	7	4	8	6	3	5	9

p.180

9	5	2	1	6	8	4	3	7
3	8	4	9	7	5	2	1	6
1	6	7	2	3	4	5	8	9
5	3	1	7	8	2	9	6	4
6	7	8	4	1	9	3	5	2
2	4	9	3	5	6	1	7	8
8	2	3	6	4	1	7	9	5
7	9	6	5	2	3	8	4	1
4	1	5	8	9	7	6	2	3

p.181

7	8	3	4	6	9	2	5	1
6	9	2	3	5	1	7	8	4
1	5	4	2	7	8	3	6	9
5	1	6	9	3	2	4	7	8
8	4	9	7	1	6	5	3	2
3	2	7	5	8	4	9	1	6
4	6	5	8	9	3	1	2	7
9	3	8	1	2	7	6	4	5
2	7	1	6	4	5	8	9	3

p.182

4	1	3	2	9	7	5	6	8
8	9	7	3	6	5	2	4	1
5	2	6	1	8	4	3	7	9
9	8	5	7	4	2	1	3	6
1	7	4	9	3	6	8	2	5
3	6	2	8	5	1	7	9	4
7	5	1	6	2	9	4	8	3
2	3	9	4	1	8	6	5	7
6	4	8	5	7	3	9	1	2

p.183

5	9	4	6	3	1	2	7	8
6	8	1	7	9	2	4	5	3
3	7	2	4	8	5	9	6	1
8	5	7	1	6	4	3	2	9
4	3	6	9	2	7	1	8	5
2	1	9	3	5	8	6	4	7
1	6	8	2	7	3	5	9	4
9	4	5	8	1	6	7	3	2
7	2	3	5	4	9	8	1	6

p.184

7	1	5	6	9	2	4	8	3
3	2	4	8	1	7	6	9	5
9	8	6	4	3	5	1	2	7
1	6	7	9	4	8	5	3	2
2	5	3	1	7	6	9	4	8
8	4	9	5	2	3	7	6	1
5	9	2	3	6	1	8	7	4
6	3	8	7	5	4	2	1	9
4	7	1	2	8	9	3	5	6

p.185

3	1	9	5	6	8	2	7	4
4	6	2	3	1	7	9	5	8
8	5	7	9	2	4	3	1	6
2	4	8	1	3	6	5	9	7
7	9	1	8	5	2	4	6	3
5	3	6	4	7	9	1	8	2
9	7	3	6	4	1	8	2	5
1	2	5	7	8	3	6	4	9
6	8	4	2	9	5	7	3	1

p.186

5	7	3	2	1	6	8	9	4
8	9	6	3	7	4	2	1	5
4	2	1	9	5	8	6	3	7
1	3	5	4	8	9	7	2	6
9	4	8	6	2	7	1	5	3
7	6	2	5	3	1	4	8	9
3	5	7	8	6	2	9	4	1
6	8	9	1	4	5	3	7	2
2	1	4	7	9	3	5	6	8

p.187

3	1	9	4	8	7	2	5	6
8	6	7	2	3	5	1	4	9
4	2	5	9	6	1	7	8	3
9	5	4	6	7	3	8	1	2
1	8	6	5	4	2	3	9	7
7	3	2	8	1	9	4	6	5
5	7	8	1	2	6	9	3	4
2	9	1	3	5	4	6	7	8
6	4	3	7	9	8	5	2	1

p.188

5	3	9	1	7	8	6	2	4
4	6	8	2	3	9	5	1	7
2	7	1	4	5	6	8	3	9
3	8	7	6	2	4	9	5	1
9	1	4	7	8	5	3	6	2
6	5	2	9	1	3	7	4	8
8	2	6	3	9	1	4	7	5
7	4	5	8	6	2	1	9	3
1	9	3	5	4	7	2	8	6

p.189

8	5	7	1	9	2	3	4	6
4	1	9	6	5	3	8	7	2
2	3	6	7	4	8	1	5	9
9	8	2	4	3	7	5	6	1
7	6	5	9	8	1	4	2	3
1	4	3	2	6	5	7	9	8
6	2	1	8	7	4	9	3	5
5	7	8	3	2	9	6	1	4
3	9	4	5	1	6	2	8	7

p.190

4	9	7	2	1	6	5	8	3
5	8	6	3	4	9	2	1	7
3	1	2	7	5	8	4	6	9
2	6	9	1	8	7	3	5	4
1	7	3	4	2	5	8	9	6
8	4	5	9	6	3	1	7	2
9	5	4	8	7	2	6	3	1
6	3	1	5	9	4	7	2	8
7	2	8	6	3	1	9	4	5

p.191

2	1	9	6	5	7	4	3	8
7	4	3	1	9	8	5	2	6
5	6	8	3	4	2	1	7	9
1	3	6	2	7	5	9	8	4
4	8	7	9	3	6	2	1	5
9	2	5	8	1	4	7	6	3
8	7	4	5	2	3	6	9	1
3	5	1	7	6	9	8	4	2
6	9	2	4	8	1	3	5	7

p.192

1	2	6	7	5	8	9	3	4
5	7	3	6	4	9	1	2	8
8	4	9	2	3	1	7	5	6
2	3	4	8	7	5	6	1	9
6	5	7	9	1	2	8	4	3
9	1	8	3	6	4	5	7	2
7	9	1	4	2	6	3	8	5
4	8	5	1	9	3	2	6	7
3	6	2	5	8	7	4	9	1

p.193

2	1	9	5	8	7	4	3	6
7	5	3	4	9	6	8	2	1
8	4	6	2	3	1	9	7	5
3	7	1	8	5	4	6	9	2
6	2	5	7	1	9	3	8	4
9	8	4	3	6	2	5	1	7
4	3	8	1	7	5	2	6	9
5	6	7	9	2	8	1	4	3
1	9	2	6	4	3	7	5	8

p.194

4	3	5	7	2	6	9	8	1
9	8	6	3	4	1	2	5	7
2	7	1	5	8	9	3	4	6
6	9	3	2	5	7	4	1	8
7	4	8	9	1	3	6	2	5
1	5	2	4	6	8	7	9	3
8	2	7	1	3	4	5	6	9
5	6	9	8	7	2	1	3	4
3	1	4	6	9	5	8	7	2

p.195

5	6	4	9	1	8	7	3	2
7	9	8	4	2	3	6	1	5
3	1	2	7	6	5	8	9	4
9	7	6	8	4	1	2	5	3
8	2	3	6	5	9	4	7	1
1	4	5	2	3	7	9	8	6
6	5	7	1	8	4	3	2	9
4	8	1	3	9	2	5	6	7
2	3	9	5	7	6	1	4	8

p.196

1	7	3	9	5	4	8	2	6
8	4	9	3	2	6	1	7	5
5	6	2	7	8	1	9	4	3
9	8	5	2	1	7	3	6	4
3	2	4	8	6	9	7	5	1
6	1	7	5	4	3	2	8	9
7	5	1	4	9	8	6	3	2
4	3	6	1	7	2	5	9	8
2	9	8	6	3	5	4	1	7

p.197

9	4	2	1	8	5	3	7	6
5	6	7	4	2	3	8	1	9
8	1	3	6	7	9	4	5	2
7	2	1	8	3	4	6	9	5
6	3	5	9	1	7	2	4	8
4	9	8	5	6	2	1	3	7
1	7	4	2	9	6	5	8	3
3	5	6	7	4	8	9	2	1
2	8	9	3	5	1	7	6	4

p.198

6	9	2	8	3	5	4	1	7
5	4	3	9	1	7	6	8	2
1	7	8	2	6	4	5	9	3
4	3	5	6	8	1	2	7	9
9	1	6	5	7	2	8	3	4
2	8	7	3	4	9	1	5	6
3	6	9	4	5	8	7	2	1
8	2	1	7	9	6	3	4	5
7	5	4	1	2	3	9	6	8

p.199

6	9	8	1	5	4	3	7	2
5	3	7	2	6	9	1	8	4
1	2	4	7	8	3	5	9	6
3	7	2	6	9	8	4	5	1
8	1	5	3	4	7	2	6	9
9	4	6	5	1	2	8	3	7
4	8	3	9	2	6	7	1	5
2	6	1	8	7	5	9	4	3
7	5	9	4	3	1	6	2	8

p.200

4	7	6	2	8	5	3	1	9
8	2	9	3	1	7	5	6	4
1	3	5	4	6	9	7	2	8
2	4	3	8	7	1	6	9	5
9	1	8	6	5	3	4	7	2
6	5	7	9	2	4	1	8	3
5	9	1	7	4	2	8	3	6
3	6	4	1	9	8	2	5	7
7	8	2	5	3	6	9	4	1

p.201

1	6	5	3	7	8	4	2	9
2	9	8	4	6	1	5	7	3
3	7	4	2	9	5	1	8	6
6	2	9	7	5	4	8	3	1
7	4	3	8	1	9	2	6	5
8	5	1	6	2	3	9	4	7
5	8	7	1	3	2	6	9	4
4	1	6	9	8	7	3	5	2
9	3	2	5	4	6	7	1	8